文物会说话

年表中的中国历史文化

许树安
许祖贻
著

中国法制出版社
CHINA LEGAL PUBLISHING HOUSE

后 记

本书在本世纪初已初具规模，自开始撰写至今日出版算来已十二载有余。当初我因教学和写作任务都很重，为了让本书尽快问世，遂请我的侄子许祖贻撰写了隋唐部分。他也是大学的教授，教学科研担子亦不轻，在写作中付出了相当大的辛劳。不料2001年年底，他因病突然去世，令我十分悲痛！本书的出版也表达了我对贤侄的深切怀念。

本书虽然拖延这么久才问世，但也有好处。这使我能够比较从容地、不断地做修改和充实，特别是国家级的多学科综合科研项目《中华文明探源》工程自本世纪初开展以来，取得了许多令世人振奋的辉煌成就，为本书提供了极为重要的考古新资料，使得本书在中华民族远古文明的介绍中得以反映最新考古成果和立于科研前沿。例如，中华大地上最早有人类生存的时间，从过去所说的170万年前云南元谋人提前至200万年前的四川巫山人和安徽繁昌人；突破了“黄河是中华民族摇篮”的传统认识，展示出中华民族是由黄河流域、长江流域以及辽河流域的中、南、北各地文明共同整合而形成和发展的等。

我希望本书能够在中华民族复兴之路上为读者提供更多、更新的启示。

许树安

著作权登记合同号 01-2019-4655

图书在版编目（CIP）数据

文物会说话：年表中的中国历史文化 / 许树安，许祖贻著．—北京：中国法制出版社，2020.6
ISBN 978-7-5216-1136-6

Ⅰ．①文… Ⅱ．①许… ②许… Ⅲ．①文化史—中国
Ⅳ．① K203

中国版本图书馆 CIP 数据核字（2020）第 095676 号

责任编辑：李　佳　刘冰清　　　封面设计：汪要军

文物会说话：年表中的中国历史文化
WENWU HUI SHUOHUA：NIANBIAO ZHONG DE ZHONGGUO LISHI WENHUA
著者 / 许树安　许祖贻
经销 / 新华书店
印刷 / 煤炭工业出版社印刷厂
开本 / 710 毫米 ×1000 毫米　16 开　　印张 / 14.5　字数 / 222 千
版次 / 2020 年 6 月第 1 版　　2020 年 6 月第 1 次印刷

中国法制出版社出版
书号 ISBN 978-7-5216-1136-6　　定价：49.80 元

北京西单横二条 2 号　邮政编码 100031　　传真：010-66031119
网址：http://www.zgfzs.com　　**编辑部电话：010-66053217**
市场营销部电话：010-66033393　　**邮购部电话：010-66033288**
（如有印装质量问题，请与本社印务部联系调换。电话：010-66032926）

目录

序言

生活在中华大地上的古代先民创造了辉煌的中华文明。20 世纪 80 年代对四川巫山人颌骨、牙齿化石的考古发现，把中华大地上人类生存的时间上推到 200 万年前。

悠久的中华文明，由多民族共同创造，极具包容性。过去认为，中华文明起源于黄河流域，黄河是中华民族的摇篮。然而，考古发掘的新成果使我们的视野更开阔。20 世纪 80 年代初，内蒙古牛河梁红山文化遗址群的发现，充分证实 5500 多年前那里曾经存在一个具有国家雏形的原始部落，把中国上古史的研究从黄河流域扩展到燕山以北的西辽河流域。红山文化的发展显示出它在某些方面要领先于同时期黄河流域的中原文化，引发了学者们对中华文明起源的多种思考和讨论。同是 20 世纪 80 年代，对四川广汉三星堆巴蜀文化遗存的发掘表明，三星堆古蜀国文明应是长江上游地区与中原夏商同时期，甚至更早的一个文化中心，并与中原文化有一定的联系。在江西万年仙人洞遗址，经过 20 世纪 60—90 年代的多次发掘，发现了 1.7 万年前的人骨化石以及精美的陶器、石器、骨器、蚌器等。此外，还发现了 1.2 万年前的野生稻植硅石和 1 万年前的栽培稻植硅石，这是现今所知世界上年代最早的栽培稻遗存之一。此外如长江下游的良渚文化遗址、马家浜文化遗址、河姆渡文化遗址等，都证明了长江流域与黄河流域一样同是中华民族的发祥地，长江流域地区存在过发达程度不亚于黄河流域地区的古文明。这一切充分地表明，中华文明的起源并非以中原地区一处为中心，它是多中心的，这些古代文明共同孕育了中华民族。

中华文化有自己的根，她源远流长，绵延至今，从未中断。民族文化遗产，尤其是非物质文化遗产是我们民族精神的体现，保证了中华文化延续与传承。中华文明经历了怎样的发展演变，为后人留下了哪些宝贵的文化遗产？我们应该怎样对待自己的民族文化？我希望本书能把中华文化的发展脉络主流勾勒出来，并且呈献给读者。

需要指出的是，面对浩繁的文化活动和文化成果，本书的编撰可谓挂一漏万，记录的只是其中一小部分。尤其是各少数民族的文化发展，受篇幅所限，本书反映得较少。但它们是中华文化的重要组成部分，又具有独特的色彩，具有同样丰富的历史内涵，应该专门为它们梳理发展的脉络。

本书在编撰过程中，参阅了许多历史文献以及今人的著作成果，既有原始的历史文献资料，如《左传》《史记》等，也有今人整理、研究的成果，如《中国现代文学史简编》（人民文学出版社）、《中国文化史年表》（上海辞书出版社）等，对于本书的编撰都有很大帮助。

由于学识等所限，不免会有该记述而没有记述以及认识不妥之处，敬请读者批评指正。

许树安

中国各时期概述

中国各时期概述

原始氏族社会	约200万年前—4000年前
夏	公元前2070年—前1600年
商	公元前1600年—前1046年
西周	公元前1046年—前771年

史前时期的古人类在社会形态上，从原始群进化到数十个有血缘关系的人生活在一起，母系氏族社会出现。当时人类使用粗糙的打制石器，过着游荡的采集和渔猎生活。中国旧石器时代可分为早、中、晚三个阶段。新石器时期已广泛使用磨制石器，农业和畜牧业得到发展，并且有了制陶、纺织等手工业。人们开始定居生活。新石器早期、中期阶段为繁荣的母系氏族社会，晚期则进入父系氏族社会。婚姻也由对偶婚向一夫一妻制过渡。在原始氏族社会发展进程中，由于狩猎、作战的需要以及物品交换，促使人们相互接触增多，一些氏族越来越多地采取联合行动，逐渐形成较为固定的集体，即部落。

14—16 页

夏是中国历史上第一个王朝。夏王朝是禹的儿子启建立的奴隶制王朝。从此推举首领的禅让制被王权世袭制所代替。据《史记·夏本纪》记载，夏人是黄帝的后代，姒姓。夏朝的最高统治者称为王，共 17 个王，享国 400 余年。夏文化以河南偃师二里头文化遗址最具典型性。

16—18 页

商朝始于商汤，终于商纣，共 32 个王，享国约 600 年。商人始祖名契，子姓，因其族人居商地，遂称商族。因商朝曾定都于殷，所以商朝又称殷商。商朝时奴隶制得到了较大发展，并在文化、青铜冶炼等方面达到较高的水平。

18—22 页

相传周人为黄帝后裔，姬姓，居于关中平原东部，后来成为商朝西边的一个方国。武王灭商后，建立了发达的奴隶制国家，国号为周，因其定都于镐京，后世称为西周。西周共 13 个王，享国 270 余年。

22—26 页

中国各时期概述

东周·春秋战国	公元前770年—前221年
秦	公元前221年—前206年
汉	公元前206年—220年

周平王把国都向东迁徙至洛邑，史称东周，公元前 256 年被秦所灭。共 25 个王，享国 514 年。

这时期王室衰微，大国争霸。史学界习惯把这段时期划分为“春秋”和“战国”两个时期。通常依照司马光《资治通鉴》，可以把公元前 403 年“三家分晋”作为“春秋”与“战国”的分界。

春秋战国时期，大国吞并小国，战争不断；社会动荡中各种学术思想十分活跃，民本思想得到宣扬，出现百家争鸣的繁荣景象。各诸侯国之间的交往和战争，促进了各民族文化的交流与融合。

26—43 页

公元前 221 年，秦王嬴政统一六国，建立了中国历史上第一个统一的多民族国家。他创立皇帝制度，自称始皇帝，为中国历代上“皇帝”称号之始。秦朝废除分封制，改行中央集权，建立起相应的郡县制、官吏制度和法律制度。

秦朝建立起皇帝至高无上的权威，更加剧了秦始皇的专断孤行和独裁暴政，导致秦朝很快被推翻。秦朝共二帝，享国 15 年。

44—46 页

秦朝灭亡后，经过四年的楚汉战争（公元前 206 年—前 202 年），刘邦于公元前 202 年称帝，国号为“汉”，定都长安，史称西汉。西汉前期奉行“无为而治”政策，经济得到恢复和发展，出现“文景之治”的局面。汉武帝时“独尊儒术”，对内加强中央集权，对外击退匈奴对北边的侵扰，打通丝绸之路。公元 8 年，王莽篡位建立了短暂的新朝，西汉灭亡。西汉共 12 帝，享国 210 年。新朝末年，社会动荡，西汉皇族刘秀于 25 年在洛阳称帝，国号仍称汉，史称东汉。共 12 帝，享国 195 年。

46—74 页

中国各时期概述

三国	220年—280年
晋	265年—420年
南北朝	420年—589年
隋	581年—618年

220 年，曹丕代汉称帝，建魏朝，定都洛阳。共 5 帝，享国 45 年，265 年被晋所灭。 221 年，刘备在蜀地称帝，国号汉，俗称蜀汉或蜀，定都成都。共 2 帝，享国 42 年，263 年被魏所灭。 222 年，孙权在江南称帝，国号吴，定都建业。共 4 帝，享国 58 年，280 年被晋所灭。 三国时代虽然分裂割据，但人才辈出，是古代文化发展的一个高峰。	74—80 页
265 年，司马炎逼魏帝曹奂让位，遂登帝位，改国号晋，定都洛阳，史称西晋。共 4 帝，享国 51 年。中国恢复短暂的统一。316 年，西晋被灭，晋室南迁，在江南重建晋朝，定都建康，史称东晋。420 年被灭，共 11 帝，享国 104 年。与东晋同时，在北方匈奴、鲜卑、羯、氐、羌 5 个少数民族先后建立了多个王朝，史称十六国。这是古代又一次民族大融合，促进了多元的中华文化进一步发展。各民族文化的融会以及与印度佛学的融合，促成中华文化形成儒、释（佛）、道（道家与道教）三家合流的发展趋势。	78—86 页
420 年，刘裕灭东晋，即帝位，国号宋。自此在江南依次建立了宋、齐、梁、陈四个王朝，皆定都于建康，史称南朝。 439 年，北魏统一北方后，于 534 年分裂为东魏和西魏，后来北齐取代东魏，北周取代西魏，北周又灭北齐。这段时期史称北朝。至 581 年，北周被隋所代。589 年，南朝的陈被隋所灭。	86—95 页
581 年，北周贵族杨坚灭周称帝，国号隋，定都大兴。589 年灭南朝陈国，统一中国。隋朝共 2 帝，享国 37 年。隋炀帝时开凿成大运河，促进了中国南北方经济、文化的交流与发展。	94—97 页

中国各时期概述

唐	618 年 — 907 年
五代十国	907 年 — 960 年
宋	960 年 — 1279 年
辽夏金元	916 年 — 1368 年

618年，李渊称帝，国号唐，定都长安。共22帝，享国289年。唐朝是中国古代政治、经济、文化发展十分辉煌的时期。先后出现了“贞观之治”和“开元盛世”，也造就了中国历史上唯一的女皇帝。唐代中叶爆发了安史之乱，国力随之衰落，陷入藩镇割据、朋党相争和宦官专权的困境之中。唐朝的诗歌取得了巨大成就，成为中国文学史上的一座高峰。	97—115页
唐朝末年爆发黄巢起义。节度使朱温于907年灭唐称帝，建立后梁。以后北方依次建立后唐、后晋、后汉、后周，共5个王朝，历经53年。南方先后交错建立10个王朝。史称五代十国时期。960年，北宋建立，统一大部分地区。979年北宋灭北汉，南方十国被完全统一。这段分裂战乱的时期，也是一次民族大融合时期。	115—117页
960年，赵匡胤称帝，国号宋，定都开封，史称北宋。1126年金兵攻入开封，北宋亡。共9帝，享国167年。 1127年，赵构在南京称帝，后建都临安，史称南宋。1279年被元所灭。共9帝，享国153年。	117—136页
辽夏金元均是北方游牧民族建立的政权。与北宋、南宋长期并存。 辽是契丹贵族在北方建立的王朝，国号契丹，947年改国号为辽。定都于皇都，后改称上京。1125年被金所灭，共9帝，享国218年。 1038年，党项贵族在西北建立王朝，国号大夏，定都兴庆，史称西夏。1227年被蒙古所灭。共10帝，享国190年。	115—141页

中国各时期概述

辽夏金元	916年—1368年
明	1368年—1644年
清	1636年—1911年
民国时期	1912年—1949年

1115年，女真贵族建立国家，国号金，定都会宁。1125年灭辽，次年灭北宋。先后迁都中都、开封等地。其疆域最大时，统辖北方。1234年，被蒙古和南宋联合进攻所灭。共9帝，享国120年。

1206年，蒙古族领袖成吉思汗建立蒙古汗国，其势力伸张到黄河流域，陆续消灭西夏、金、南宋等。1271年，成吉思汗之孙忽必烈称帝，建立元朝，定都大都。元朝末年爆发农民大起义，被朱元璋所推翻。自忽必烈定国号起，共11帝，享国98年。在城市经济发达的社会背景下，元朝杂剧创作和表演成就突出。

115—141页

朱元璋推翻元朝统治，1368年称帝，国号明，定都应天。1421年，明成祖迁都北京。明朝前期，郑和七次下西洋，显示了明王朝国力的强大和航海等技术的先进。随着西洋耶稣会士的涌入，中国传统文化开始了与西学的碰撞和交流。1644年，李自成攻入北京，明朝灭亡。共16帝，享国277年。

1616年，女真族首领努尔哈赤在赫图阿拉称汗，国号金，年号天命。史称后金。后迁都辽阳，再迁沈阳。1636年，皇太极改国号为清，改女真族为满族。

141—161页

清朝是中国最后一个封建王朝。1644年，清朝入关，定都北京，逐步统一全国。前期出现康乾盛世。嘉庆开始，各种社会矛盾日益显露出来并且不断激化，外国列强也步步紧逼。随着1840年在鸦片战争中的失败，中国被迫签订一系列丧权辱国的不平等条约。清朝的统治摇摇欲坠。道光时学者提倡的改革和同治光绪时的洋务运动、戊戌变法，都未能实现富国强兵的目的。1911年爆发的辛亥革命推翻了清朝的统治。从皇太极建立清朝算起，共11帝，享国276年。

160—192页

辛亥革命后，中华民国成立，袁世凯试图复辟帝制失败，中国陷入军阀混战。1919年“五四”新文化运动，以民主及科学为号召，影响甚大。国民党北伐统一全国，主持国民政府。20世纪30年代，面对日本帝国主义的步步侵略，中国各界以各种形式抵抗侵略、维护民族独立。

192—223页

文物会说话

旧石器时代 约200万年前—约1万年前	约200万年前	重庆巫山龙骨坡、安徽繁昌人字洞等处发现了距今200万年的具有人为加工痕迹的石制品以及巫山人的牙齿、颌骨化石。这两处遗址是中国迄今所见最早的人类活动遗迹。巫山人遗址的发现，引发了古人类学界关于人类起源地点的争论：中国科学院古人类学家黄万波等提出亚洲也是人类发源地之一的新观点。
	约170万年前	生活在云南元谋一带的元谋人是世界上最早的古人类之一，元谋人进入直立人阶段，已使用有明显打制痕迹的石器。
	约80万年前	陕西蓝田出现亚洲北部最早的直立人——蓝田人，主要使用打制的石片和砍砸器。
	约70万年前—约20万年前	生活在北京周口店一带的北京人，石器制作技术明显进步。当时不仅已会用火，还能保存火种使其长期不灭。
	约20万年前—约8万年前	在今天陕西东部、山西南部、河南西部一带生活有丁村人、许家窑人，他们已进入早期智人阶段，婚姻制度已由族内群婚向族内血缘婚演进。
	约18000年前	山顶洞人进入晚期智人阶段，北京山顶洞人开始进入氏族公社时期，丧葬观念、审美观念、原始宗教信仰已经形成。
新石器时代 约1万年前—4000年前	8000年前	20世纪80年代开始，考古人员在内蒙古敖汉旗兴隆洼发掘已知最早的母系氏族原始村落。房屋遗址整齐排列，有丰富的石器、玉器、骨器、陶器等器物，村外有壕沟等。
	6000年前	生活于华北、长江中游和华南等地的人类开始定居生活，古人类从事农业生产，饲养家畜，开始出现制陶技术。
	6000年前—约5000年前	20世纪80年代初，在牛河梁红山文化遗址群发现有女神庙、祭坛、积石大冢群等，证实5500多年前那里曾初具国家雏形。社会发展先进于同时期黄河流域的中原文化。

原始工具——石器

穿孔石耳坠

仰韶文化的鱼纹彩陶盆

北京猿人头像复原模型

炭化稻谷

红山文化的女神头像

刻有原始文字的龟甲

新石器时代 约1万年前—4000年前

- 黄河流域裴李岗文化、仰韶文化、马家窑文化、大汶口文化和长江流域良渚文化陶器上的记事符号，被认为是原始文字的雏形。
- 5000年前—4000年前 长江河姆渡文化稻作农业发达，出现多种适应水田耕作的骨制农具，出现最早的木构建筑和供舟船使用的木桨。
- 存在于黄河中游的仰韶文化、存在于黄河下游的大汶口文化和存在于长江中游的大溪文化构成三足鼎立的格局。其中，仰韶文化文明程度最高。
- 4000年前 父系氏族社会迅速发展。山东章丘龙山文化是父系氏族社会的典型。
- 黄河流域和长江流域先后进入酋邦时代。其首领被后世称为酋长，三皇五帝便是远古传说中的英雄人物。

夏 公元前2070年—前1600年

- 史 启建立夏王朝，中国从原始氏族社会进入王权世袭社会。
- 史 5000年前—3000年前 四川广汉三星堆古蜀文明出现。三星堆文化延续两千年左右。从考古地层学和类型学上可分为四期：一期属先蜀文化时期，距今4800—4000年，大致相当于新石器时代晚期；二期是典型的早期蜀文化的形成时期，距今4000—3400年，大致相当于夏代至商代前期；三期是早蜀文化的繁荣期，距今3400—3100年，大致相当于商代后期；四期是早蜀文化由盛转衰的时期，距今3100—2800年，大约相当于商末周初。三星堆遗址及其出土文物，具有全方位认识古蜀社会及探索上古社会概况的重要学术价值。三星堆遗址证明，它应是中国夏商时期，甚至更早的一个重要的文化中心，并与中原文化有着一定的联系。

三星堆出土贴金铜人头像

史 启的儿子太康的统治被东夷有穷氏的首领后羿推翻。传说后羿善射箭，曾经有 10 个太阳同时出现，炎热无比，后羿射掉 9 个，只保留 1 个。

后羿射日图

史 太康的侄孙少康在有虞氏协助下恢复夏王朝统治，史称“少康中兴”。

史 相传少康之子帝予（杼、伫）发明了坚固的铠甲以对付善射的东夷。

史 帝槐（芬）在位时，建造了圆形的高大围墙作为监狱，称为“圜土”。

史《左传》载夏朝已有刑法，“夏有乱政，而作禹刑”。

史《竹书纪年》记载，帝发七年时，“泰山震”。

史《竹书纪年》记载，夏王通过多次征伐东夷，迫使“诸夷宾于王门，献其乐舞”。

史《尚书》《左传》等记载夏朝已存在奴隶主与奴隶。

教《孟子》记载夏朝有学校，称为校、序、庠等。

科《竹书纪年》记载夏朝“颁夏时于邦国”，说明当时已有天文历法。

科《夏书》记载了夏朝的一次日食。这也是世界上关于日食的最早记录。

史《世本·作篇》记载古有“仪狄作酒”之说，仪狄为禹之臣，改进酿酒工艺。

史《世本·作篇》记载夏朝有主管制造车辆的官职，称车正。据说奚仲即任此职，故有“奚仲作车”之说。

夏 公元前 2070 年—前 1600 年

商 公元前 1600 年—前 1046 年

夏禹像

建 1959 年考古人员在河南偃师二里头夏文化遗址发现了两座以中轴线为基准，由堂、庑、庭、门等组成的大型宫殿基址，是迄今所知中国最早的宫殿建筑遗存，可见中国古代宫廷建筑形制在这时已经初具规模。此外还发现有冶铜、制陶、制骨、琢玉等作坊遗址。一般认为河南偃师二里头属于夏朝晚期的都城。考古人员在河南登封的告成镇发掘了一座夏代的城堡遗址，有学者认为这就是夏朝早期的都城——“阳城”。

文 从夏墟中发掘出的陶器上，已见到二十多种刻画符号。

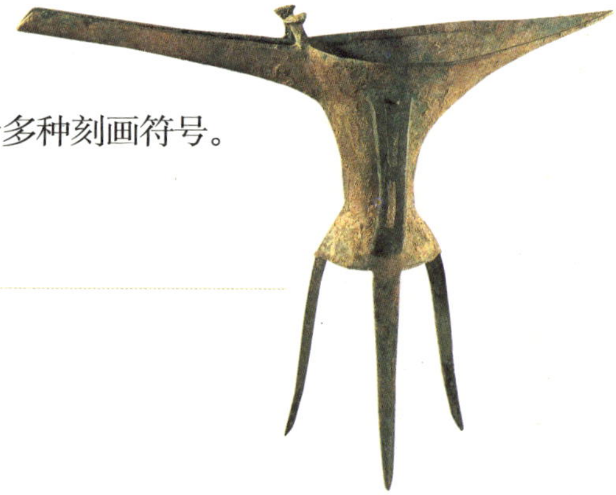

铜爵

科 夏人已掌握冶铜技术，反映了当时的生产力水平。《左传·宣公三年》记载夏朝铸造九鼎之事。在夏墟发掘出的冶铜遗址及青铜生产工具、礼器和武器，证实了这一观点。

史 帝桀（履癸）被商汤推翻王位，夏朝灭亡。

前 21 世纪—前 17 世纪 人 商人始祖契，子姓，传说为简狄吞玄鸟（燕子）卵所生。舜任契为司徒，掌教化。曾助禹治水患。

商 公元前1600年—前1046年

史 相传契之孙相土驯养马。这时商族势力已达东海之滨，在经济、文化等方面与沿海各族有了密切的联系。

科 契之五世孙冥为夏朝水官，负责农田水利，最终死于治水任上。

人 冥之子王亥（王该、王胲）发明牛车。传说他赶着牛群到外族去进行贸易。

史 契的王位传14世至成汤。

前16世纪—前15世纪

史 商汤（成汤、唐、天乙、大乙）率领军队讨伐夏桀，推翻夏桀的统治，建立商王朝。《尚书·汤誓》即一篇誓师动员令。

建 史载汤建国都于亳。关于亳的位置，有学者认为，河南偃师先商文化遗址即汤灭夏后所建最早的都城城邑。但也有学者认为，已发掘的河南郑州商城、郑州小双桥遗址亦属商代早期都城所在地。

艺 相传汤在位时遇大旱，汤于桑林祷祝，上天果然降雨，于是人们舞《桑林》，歌《晨露》。

前14世纪

史 商朝中期，第20位商王盘庚把国都从奄迁至殷。从此至商亡未再迁都。《尚书·盘庚》记录了盘庚迁殷前后对臣民的三次讲话。

兽面纹青铜建筑构件

史 约在此时期，商朝人已利用陨铁锻造兵器的铁刃。1972年于河北藁城县商墓中即发现有陨铁刃铜钺。

商

公元前1600年—前1046年

前13世纪

史 第23位商王武丁的统治，把商朝的国力推向鼎盛。他破格重用奴隶傅说为相，使国力大增，史称“武丁中兴”。《诗经·商颂》中的《殷武》《玄鸟》即盛赞其功业的篇章。

妇好墓出土铜镜
（妇好为武丁配偶之一）

前12世纪

科 商王文丁为其母铸造“后母戊”方鼎，高133厘米，重832公斤，形制厚重。1939年在河南安阳出土，是现今所见最大的青铜鼎。

后母戊方鼎

前1046

史 最后一位商王纣（受、帝辛）被周武王所讨伐，商灭。《诗经·大雅·荡》即揭露纣王无道的诗篇。

教 商朝贵族子弟都可以到学校接受教育，并且商朝周围的方国也派遣子弟到殷来学习。除一般学校外，商朝还有教授音乐的专门学校，叫作“瞽宗”。

商

公元前1600年—前1046年

文 商朝使用甲骨文字，刻写在龟甲、兽骨上，故称。这是一种形、音、义相结合的成熟文字，为中国汉字的发展奠定了基础。

商朝刻在兽骨上的甲骨文

科 商代数学已用十进位法进行计算。甲骨文中的数字，最小为“一”，最大为“三万”。

史 甲骨卜辞反映了商代人的世界观以及对帝王和祖先的崇拜。

科 商朝人已用阴阳合历，并有闰月。当时采用六十干支法纪日；以十日为一旬，三旬为一个月。

科 在甲骨卜辞中，已有商人对日食、月食的多次观察记载以及对日常阴晴风雨等气候的推测和记录。

医 甲骨卜辞中的疾病记录多达16种，已与现代医学的分科相近。某些疾病有更细的分类，如口腔疾病便有疾舌、疾齿、龋齿、疾言（喉病）等区分。特别是对龋齿的记载，比古埃及、古印度还要早近千年。在河北藁城商墓中，还发现了用于施行手术的工具砭石。

艺 卜辞中记载了商代的一些舞蹈，如《隶舞》《羽舞》等。考古发掘也多次发现商朝的乐器，如铜铙、石磬等。

史 商朝货币以海贝和玉为主。贝的流通大都以“朋”为计算单位，即以五贝穿成一串，两串为一朋。

商 公元前 1600 年—前 1046 年

商朝海贝

- 商朝后期逐渐形成以嫡长子继承制为核心的宗法制度和分封制度，并且建立了一套分为“内服”“外服”的官僚制度。
- 《吕氏春秋》记载商朝的刑罚比夏朝的刑罚更加繁多而残酷，有“醢刑”“烹刑”等。有“刑三百”之说。
- 甲骨卜辞中有“三师”的记载，这是有关商朝军队的记录。军队兵种分为步卒和车兵，已广泛使用青铜兵器。
- 考古发掘证实，商朝普遍存在人殉、人祭，大量奴隶和俘虏被残杀。

西周 公元前 1046 年—前 771 年

- 前 16 世纪—前 13 世纪 传说黄帝曾孙帝喾的妃子姜嫄因踏巨人之足而怀孕并生下弃（后稷）。弃因善于种植粮食作物，曾在尧舜时做农官，教民耕种。此后周人进入父系氏族社会，并奉弃为始祖。《诗经·大雅·生民》即赞美其功业。
- 周族的第四代首领公刘迁周人至豳地，开始建立国家政权。此后周人发展为商朝西方的一个重要侯国。《诗经·大雅·公刘》即歌颂公刘之功绩。
- 前 12 世纪 古公亶父迫于戎狄侵扰，率领周人由豳东迁至岐山之下的周原，为周人崛起奠定基础，周人追尊他为“太王”。《诗经·大雅·绵》盛赞其功业。

周原出土的甲骨

建 根据考古发掘，周原有城郭、宫殿等建筑，并有陶管套接而成的地下排水管道，墙壁用石灰混以泥沙涂抹，反映出周人已有较高的建筑技术。遗址中还出土了大量卜甲、卜骨，有近二百片上刻有文字，史学家称其为周原甲骨，是研究先周社会文化的重要资料。

周原出土的陶下水管

史 古公亶父之孙姬昌（周文王）迁都丰邑，招贤纳士，有吕尚（姜太公）等辅佐，势力益增。

史 相传周文王曾被商纣王囚于羑里，周文王遂推演八卦为六十四卦。

前11世纪

史 周文王之子、武王姬发即位，与商争雄。武王曾在孟津阅兵，以文王木主为号召，与八百位诸侯会盟。木主即木制偶像或木牌，上书死者姓名，以供祭祀。后世奉死者之神主牌位或始于此。

前1046 周 武王元年

史 武王率诸侯伐纣，与商朝军队战于商都朝歌之郊的牧野，纣王兵败自焚，商遂亡。武王定都镐京，与丰京同为都城。周代青铜器利簋铭文记载“武征商，唯甲子朝”，言明伐纣在甲子日。

利簋

西周 公元前1046年—前771年

史 大丰簋铭文记载武王灭商后为文王举行“大丰”祭祀。

史 堇鼎铭文载武王灭商后封召公奭于燕，为周初分封诸侯制度之始。

建 在考古发掘中，在丰镐遗址发现多处房屋、窖穴、墓葬、车马坑、水井、手工作坊等遗迹，并有大量陶器、青铜器、瓦片等出土。

史 武王灭商后，追尊古公亶父为太王，姬昌为文王。又以昭、穆确定宗庙、墓葬次序：始祖居中，以下各代则依左昭右穆决定位置，昭穆之制由此始。

艺 相传武王伐纣时，前歌后舞，并令人学习巴蜀歌舞，至汉代演化为“巴渝舞”，体现了中原地区与四方的文化交流。

艺 相传武王伐纣后，命周公作舞。有《大武》舞六段，配相应之歌六章，即《诗经·周颂》中之《我将》《武》《赉》《般》《酌》《桓》六篇（或说以《昊天有成命》代《我将》）。孔子评论此舞：“尽美矣，未尽善也。”（《论语·八佾》）

前1042 周 成王元年

史 周成王名诵，是武王的儿子，即位时年幼，由周公旦摄政。

前1038 周 成王五年

建 成王营建洛邑，分为二城，西为王城，东为成周。历史文化名城洛阳即始建于此时。何尊铭文记载了成周建成时，成王颁布之诰辞。

何尊及铭文

西周 公元前 1046 年—前 771 年

前 841 共和元年

史 西周“国人”暴动，周厉王逃奔于彘，由共伯和摄行国政，共 14 年，史称“共和行政”（一说是由周公、召公共同摄政，故称共和）。这是中国历史有确切纪年的开始。㝬簋是周厉王为祭祀先王而作的礼器。

㝬簋及铭文

前 827 周 宣王元年

史 周厉王死于彘，太子静即位，是为周宣王，“共和行政”结束。宣王时，“内修政事，外攘夷狄，复文武之境土”，史称“宣王中兴”。

前 771 周 幽王十一年

史 申侯杀周幽王，立平王而迁都，西周结束。

史 周之制度，天子建七庙：三昭、三穆及太祖之庙。春祭曰祠，夏祭曰礿，秋祭曰尝、冬祭曰烝。天子在郊外祭天地称郊祭。诸侯皆祭社稷。社为土地神，稷为五谷神。

艺 西周乐舞名目很多，最重要的为“六代舞”，用于不同的祭祀典礼场合：《云门》祀天神，《咸池》祀地祇，《大韶》祀四望，《大夏》祭山川，《大濩》祭始祖，《大武》祭先祖。又有“六小舞”以及来自四方少数民族的“四裔乐舞”等，总称“万舞”。

西周 公元前1046年—前771年

青铜乐舞人

教 周天子所设学校称辟雍，诸侯学校称泮宫。学校以六德（智、仁、圣、义、中、和）、六行（孝、友、睦、姻、任、恤）和六艺（礼、乐、射、御、书、数）为教育内容。

科 西周的天文历法较商朝更发达，有专职官员负责观察、记录天象变化。河南登封的测景台可测黄、赤两道交角，是世界上最古老的天文台遗迹之一。

科《诗经·小雅·十月之交》记载："十月之交，朔日辛卯，日有食之。"这是最早的有明确日期（十月初一）的日食记载。

史 西周宣扬"天命靡常""以德配天""敬天保民"，对后世中华民族轻鬼神、重道德以及尊崇祖先的思想观念深具影响。

前770 周 平王元年

史 周平王迁都洛邑（今河南洛阳一带），东周自此开始。

前766 秦 襄公十二年

人 秦襄公卒。唐朝初年发现了10块石鼓，学者认为这些石鼓是秦襄公时遗物（亦有认为系秦文公、穆公、献公等时制作）。10块鼓形石上各刻四言诗一首，内容为记载秦国君游猎活动，故又称"猎碣"。字体属大篆（籀文）。

东周·春秋战国　公元前770年—前221年

石鼓文大篆字体

前722　鲁 隐公元年　文　中国最早的编年体史书《春秋》自本年开始记事。

前720　鲁 隐公三年　科　《春秋》载本年“王二月己巳，日有食之”。这是世界上对日食有确切日期的较早记录。

前706　楚 武王三十五年　史　《左传》载楚武王伐随（姬姓国）。随季梁告诫随侯：“夫民，神之主也。是以圣王先成民而后致力于神。”强调先有“民和”，才能享受神所降之福。这是对西周“敬天保民”思想的进一步发展，成为春秋时期民本思想之始。

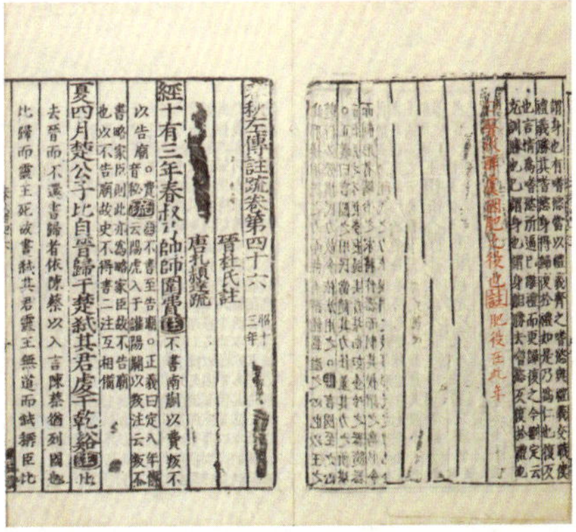

春秋左传注疏（明嘉靖刻本）

前687　鲁 庄公七年　科　《春秋》载本年夏四月“夜中，星陨如雨”。据科学推算，这是世界上对天琴星座流星雨的最早记录。

前685　齐 桓公元年　科　齐桓公即位。此时已流行乘法口诀，并通行筹算（以竹木小棒为计算工具）。筹算遵循十进位制运算，对中国数学的发展具有重要作用。

前662　鲁 庄公三十二年　史　《左传》载，有“神”降于莘。虢公求神赐田，史嚣讥之曰：“国将兴，听于民；将亡，听于神。”强调民众对国家兴亡起着重要作用。

前656	晋 献公二十一年	史	骊姬用优施之计杀死太子申生。优是宫廷内善为戏谑表演的艺人。
前651	齐 桓公三十五年	史	桓公欲封禅（古代登泰山祭天曰封，在泰山附近之梁父山祭地曰禅），管仲谏而止之。此为有关封禅的最早文字记录。
前645	齐 桓公四十一年	人	齐国政治家、思想家管仲卒。管仲辅佐齐桓公成为春秋时期的霸主。
前639	鲁 僖公二十一年	史	《左传》载，鲁大旱，鲁僖公欲举行祭祀以求雨。臧文仲指出，应通过修人事以备旱。再次反映了当时提倡的重人事、轻鬼神的思想观念。
前637	鲁 僖公二十三年	史	《左传》本年曰“男女同姓，其生不蕃”，表明当时人已掌握近亲结婚不利于后代生育的经验，并用文字记录下优生观念。
前636	晋 文公元年	人	晋文公重耳结束流亡返晋。文公遍赏随从诸臣，相传晋文公为逼介之推出仕，曾放火烧绵山（今山西介休东南），介之推因而焚身。传为古代寒食节之起源。
前626	楚 成王四十六年	史	楚成王死，谥之“灵”，不瞑；改谥“成”，乃瞑。这是实行谥法的具体事例。一般以为谥法起于西周初年。成书于战国的《逸周书·谥法解》记述了西周以来的谥法制度。
前617	鲁 文公十年	史	《左传》载“命夙驾载燧”。燧为古人取火工具，有木燧与金燧之分。金燧又称阳燧、鉴燧等，即铜制凹镜，可向日取火。此处若是金燧，则是古人早期利用太阳能的工具。

虎鸟蟠虺纹阳燧

前613	鲁 文公十四年	科《春秋》载“秋七月，有星孛（彗星）入于北斗”，这是世界上对哈雷彗星的最早记录，比西方早670多年。自此至清末，中国史书对哈雷彗星的记载共有31次，从未遗漏。
前607	晋 灵公十四年	史《左传》载晋卿赵盾为避灵公杀害而出奔，未出境，闻其族人已杀灵公，乃还。太史董狐因他“亡不越境，反不讨贼”，乃记于史策曰：“赵盾弑其君。”董狐遂成为中国古代史官敢于直书之典范。
前589	晋 景公十一年	史 晋郤克、栾书等率师与齐战于鞍，齐军大败。青铜器栾书缶铭文记有此事。铭文以错金镶嵌手法制成，证明此时中国已掌握错金工艺。  栾书缶及铭文（局部）
前581	晋 景公十九年	医 景公病，使秦名医缓视之。缓诊视后谓病在肓之上，膏之下，认为“攻之不可，达之不及，药不至焉，不可为也”。景公旋死。后世遂有“病入膏肓”之说。
前548	齐 庄公六年	史《左传》载齐庄公与崔杼妻通，杼杀庄公。齐太史书曰：“崔杼弑其君。”杼杀太史，其弟再书，又杀之。其弟复书，乃舍之。南史氏闻太史尽死，执简以往，闻已记之乃归。是为古代史官秉公直书又一范例。
前544	楚 郏敖元年	史《左传》载楚人以桃柄帚祛鬼。表明春秋时已把桃树枝条作为驱鬼压邪之用。
	吴 余祭四年	艺 吴季札在鲁国观赏周乐。乐工为他演奏了《诗经》中的《周南》《召南》等国风以及《小雅》《大雅》等乐

曲。季札对诸乐舞一一评论。

前540 晋 平公十八年 文《左传》载，晋平公十八年，韩起使于鲁，于太史氏处观《易》《象》与鲁《春秋》等书，慨叹曰："周礼尽在鲁矣。"反映了春秋时鲁国保存西周以来的文化典籍、礼仪制度最为完备。

前537 秦 景公四十年 人 秦景公卒。1986年发现其墓葬。其墓室规模之大、布局之完整，堪称春秋时期陵墓之最。

秦景公大墓

前530 晋 昭公二年 史《左传》载晋昭公宴请齐景公。席间有投壶游戏（投矢于酒壶之中，比赛投中多寡）。说明春秋时已有投壶作为娱乐活动。

前522 周 景王二十三年 艺 周景王令铸"无射"编钟，著名的音律家伶州鸠给予指导，采用了以黄钟为首的十二律理论。

艺《左传》载齐晏婴论音乐云："一气（抒发情感）、二体（文舞和武舞）、三类（指风、雅、颂）、四物（以四方之物制成各种乐器）、五声（宫、商、角、徵、羽）、六律（黄钟、太簇、姑洗、蕤宾、夷则、无射）、七音（五声以及变音、变征，即今之音阶）、八风（八方之风）、九歌（歌颂众多功德）以相成也。清浊、大小、短长、疾徐、哀乐、刚柔、迟速、高下、出入、周疏以相济也。"这是中国古代较早地对音乐做出的全面论述。

均钟

前520	周 景王二十五年	科 《国语》载此时已将黄道划分为十二部分，称十二次，每次各有名称及若干星官为标志，把天上十二次与地面不同地域相对应，称某地是某次之分野。

二十八宿衣箱

前517	鲁 昭公二十五年	艺 春秋时期“礼崩乐坏”，鲁大夫季孙氏僭用周天子的“八佾”之舞，《论语·八佾》载孔子说：“是可忍也，孰不可忍也！”
前514	吴 阖闾元年	建 吴王阖闾使伍子胥筑阖闾城。
前512	吴 阖闾三年	文 军事家孙武以其所著《兵法》见吴王阖闾，因任为将。世称其书为《孙子兵法》《吴孙子兵法》，是中国最早的军事理论著作。
前501	郑 献公十三年	人 郑国大夫、法家名家学者邓析被杀。邓析修改郑国刑法，书写在竹简上，史称《竹刑》。他创办私学，宣传以法治国。他教人“操两可之说，设无穷之词”，发展了名辩之学。
前500	齐 景公四十八年	人 齐国政治家晏婴卒。历仕灵公、庄公、景公三世。今本《晏子春秋》为战国时人辑其言行而作。
	公元前6世纪	科 公元前6世纪中国已掌握渗碳钢冶炼技术。1976年在湖南长沙杨家山发现了此时期楚人所造之钢剑，是迄今所见古代最早的钢剑。

燕国钢剑

史 公元前6世纪在中原地区已通行牛耕。孔子弟子有冉伯牛，名耕，有司马耕，字子牛，晋国有力士牛子耕等，皆可为证。

前497 晋 定公十五年

史 晋赵鞅叛，并与范氏、中行氏相攻伐。后赵鞅入绛（晋国都），与之盟于晋宫。其盟誓原文见于1965年出土的侯马盟书。

侯马盟书

前493 晋 定公十九年

史 晋郑战于铁。战前赵鞅誓曰："克敌者，上大夫受县，下大夫受郡。"此为县、郡连称的最早记载。当时县、郡已用于指称地方行政区。县早于郡，并且地位高于郡。

前486 吴 夫差十年

科 吴王夫差组织人力开凿邗沟，将长江与淮河相沟通，成为古代最早的运河。其河道为后世南北大运河的一部分。

前481 鲁 哀公十四年

文 儒家经典《春秋》绝笔于本年。《春秋》为鲁国史书，采用编年史体例，经孔子修订，文字虽简短，但意含褒贬，后世称为"春秋笔法"。《春秋》记述的这段时期，晋国史书《乘》、楚国史书《梼杌》亦有记载。

前479	鲁 哀公十六年	人 孔子卒。他创立了以仁、礼为核心的儒家学说，开创大规模的私人办学，并整理和修订西周以来的文化典籍。《论语》是孔子弟子对他生前言行的记录，集中反映了他的思想理论。儒学对中国社会影响深远。
前476	周 元王元年	人 周敬王卒。
前465	越 勾践三十二年	人 越王勾践卒。勾践曾被吴国俘虏，赦回国后，卧薪尝胆，励精图治，任用范蠡、文种理政，终于灭吴称霸。
前464	鲁 悼公四年	文 编年体史书《左传》起于鲁隐公元年（公元前722年），止于本年。其叙事更晚至鲁悼公十四年（公元前454年）。《左传》以大量史实解释《春秋》，具有极高的史料价值。
前453	周 贞定王十六年	文 中国第一部国别史《国语》所记史事最晚止于本年。《国语》记载了西周末年和春秋时期各国史事及贵族的言论。旧有“《国语》记言，《左传》记事”之说。
前422	秦 灵公三年	史 秦灵公作上、下畤，以上畤祭黄帝、下畤祭炎帝，

《春秋事语》帛书残卷

越王勾践剑

此为炎黄并祀之始。

前402 周 威烈王二十四年 人 孔子之孙子思卒。他发挥孔子的仁学思想，著《中庸》，宣扬心性之学。1993年，湖北郭店出土楚简中有《性自命出》等新见儒家著作，填补了孔子之后儒家对人性与心、命、情关系的论述空白。

前396 魏 文侯五十年 史 魏文侯卒。他重用李悝、吴起、西门豹等人变法改革，魏国因此而一度强大。

前395 魏 武侯元年 人 战国早期法家代表人物李悝卒。曾任魏文侯相，主持变法。又汇集当时各国法律，编成《法经》，是中国古代第一部比较完整的法典，但已亡佚。

前381 楚 悼王二十一年 人 军事思想家吴起卒。辅佐楚悼王变法。悼王死，遂被楚贵族杀害。著有《吴起》48篇，已佚。今本《吴子》6篇系后人所著。

前376 周 安王二十六年 人 墨家学派创始人墨子卒。墨子学说以“兼爱”思想为核心，提倡非攻、节葬、尚贤、明鬼等主张。战国后期，墨家后学在认识论、逻辑学以及自然科学的力学、光学、几何学等方面的论述和实践都取得了十分突出的成就。今本《墨子》是墨家学派的著作总汇。

人 杨朱，魏国人，稍晚于墨子，战国早期思想家。他反对儒家仁礼学说，也反对墨家的兼爱、非攻思想，主张以自我为中心，提倡“贵生年龄”“重己”。其事散见于先秦诸子的著作中。

前374 周 烈王二年 人 太史儋约于本年西出函谷关时见到关令尹喜，并修撰今本《老子》。司马迁在《史记》中对老子其人不能确定，或谓为战国之太史儋。自1993年湖北郭店楚简古本《老子》出土后，有学者认为，道家创始人本春秋末年之李耳，古本《老子》即其所著，与今本多有不同，至战国中期，太史儋对古本《老子》加以修订改造，遂成今本《老子》。

前357 (田)齐桓公十八年 教 (田)齐桓公午卒。曾在都城临淄的稷下(临淄的稷门附近)建筑学宫,逐渐成为一大学术中心。

前344 秦 孝公十八年 史 秦孝公任用商鞅变法,制标准量器,统一量制,奠定了秦国富强的基础。出土青铜"商鞅量"(又称"商鞅方升")即其物证。器侧刻有本年铭文,器底有秦始皇二十六年加刻的统一度量衡诏书。

商鞅方升

前341 (田)齐威王十六年 人 齐魏马陵之战爆发。齐孙膑以逐日减灶之计诱敌深入,大破魏军。孙膑,战国军事家,被诬遭膑刑(挖膝之刑),故称孙膑。著兵书《齐孙子》(后世称《孙膑兵法》),隋朝以前失传。1972年山东临沂银雀山西汉墓出土其残简,可见该书对《孙子兵法》的继承与发展。

《孙膑兵法》竹简

前338 秦 孝公二十四年 人 秦孝公卒,商鞅遭贵族杀害。《汉书·艺文志》有《商君》29篇,今存24篇,是商鞅及其后学的著作合编。

前337 韩 昭侯二十六年 人 政治家申不害卒。任韩昭侯相十五年,推行变法,尤其强调对权术之运用。《汉书·艺文志》有《申子》6篇,今仅存辑录《大体》1篇。

前330 周 显王三十九年

人 政治家尸佼约卒于本年。主张以法治国，曾协助商鞅推行变法。他以星辰东升西落，提出大地是自西向东旋转之说。著有《尸子》，已佚，今有辑本。

前323 楚 怀王六年

史 楚怀王发给鄂君启的水陆通行符节于1957年和1960年出土于安徽寿县。有两组，分别为水路、陆路通行凭证。此为研究中国古代商业、交通及符节制度的重要实物资料。

鄂君启节

前318 周 慎靓王三年

史 魏、赵、韩、楚、燕五国实现合纵抗秦，从此形成战国时期合纵、连横的一系列军事、外交交锋。

文 《战国策》为记载此时期纵横游说谋策与言论的汇编，初有《国策》《国事》《短长》等名称，西汉刘向编订为33篇，始定为今名。马王堆汉墓出土记述战国史事的帛书，与《战国策》内容相近。

前315 周 慎靓王六年

人 法家思想家慎到约卒于本年。他曾在齐国稷下讲学。他主张法治，特别强调权势在其中的重要作用。著有《慎子》，已佚。现存辑录7篇。另有《慎子内外篇》，系伪作。

前311 秦 惠文王十四年

人 秦惠文王卒。曾刻石记文，祈求天神克制楚兵，复其边城，后世称为“诅楚文”。宋朝时先后于水中、土中发现三块石头，各成一篇，书以秦篆。原石已佚，今仅存拓文。

前307 赵 武灵王十九年 史 赵武灵王在全国实行“胡服骑射”，吸收游牧民族的衣饰，以利作战。

胡服俑

前301 （田）齐宣王十九年 教 （田）齐宣王卒。曾广招天下学者来稷下学宫讲学议论，多达千人，盛极一时。在此讲学的学者有尹文、田骈、接子、环渊等。

前299 周 赧王十六年 文 编年体史书古本《竹书纪年》编至本年。于西晋初在河南汲县出土，因书于竹简而得名。共13篇，叙述夏、商、西周、春秋时晋国和战国时魏国史事。

文 与《竹书纪年》同时被发现的有《穆天子传》。书中记述周穆王驾八骏西游三万里之经历。带有神话传说及虚构成分，对魏晋志怪小说有直接影响。有学者视其为中国早期小说，并以为对研究古代中西交通史也具有价值。唯其作者不详。

前296 赵 惠文王三年 史 赵灭中山国（一说在公元前301年）。中山国是战国时期北方游牧民族建立的军事王国。

中山王墓出土兆域图

前 289　周赧王二十六年　人　儒家思想家孟子卒。孟子着重发展孔子的仁学，以人性善阐述仁义道德的必然性以及天人合一思想。提倡仁政，主张法先王。他的“民贵君轻”思想是春秋以来民本思想的代表。《孟子》记录了他的言行，集中地反映了他的思想学说。

前 286　周赧王二十九年　人　道家思想家庄子卒。他发展了“道法自然”的思想，强调事物的自然本性，否认有神的主宰。著有《庄子》（唐朝以后又称《南华经》）33 篇。一般认为，其中内篇 7 篇为庄子本人所作，外篇杂篇可能掺杂其门人之作。其文章富于想象，行文汪洋恣肆，多用寓言比喻，对后世浪漫主义文学的发展有深刻影响。

前 284　周赧王三十一年　人　苏秦卒。东周洛邑人，战国著名纵横家。曾倡导东方六国联合抗秦。《汉书·艺文志》有《苏子》31 篇，已佚。马王堆汉墓出土帛书中有苏秦的书信和游说辞 16 章，可补充《史记》《战国策》之不足。

前 280　周赧王三十五年　人　思想家尹文约卒于本年。善名辩，强调“正名”，主张消除争斗，止息用兵。《汉书·艺文志》于名家内著录《尹文子》1篇，现存2篇，疑为后人伪造。一说《管子·白心篇》系其所著。

前279 楚顷襄王二十年 史 楚将庄蹻率军通过黔中攻向西南，越过且兰、夜郎，直至滇。后因秦占黔中，不得还楚，遂在滇称王，号庄王，对西南经济、文化的发展做出贡献。

前278 楚顷襄王二十一年 人 楚国政治家、诗人屈原约于本年投汨罗江而死。屈原名平，楚国贵族。初佐怀王，主张联齐抗秦，后遭谗去职。楚顷襄王时被放逐，长期流浪。他创造出骚体（楚辞体）的文学新形式，在中国文学发展史上具有重要地位。今所见其作品，皆出自西汉刘向所辑《楚辞》中。

刘向著《古今列女传》

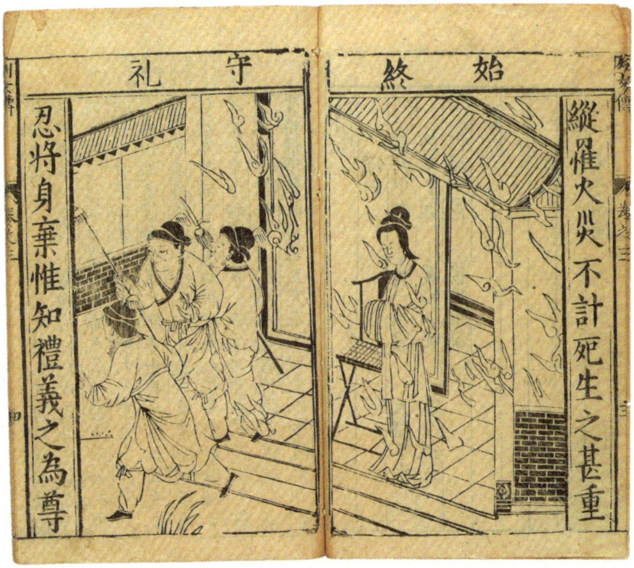

前256 周赧王五十九年 史 秦灭周，周赧王卒。

前251 秦昭王五十八年 科 秦昭王卒。秦昭王晚年，蜀郡守李冰父子在前人治水基础上，于岷江中建都江堰，在排洪、灌溉、航运等方面皆取得显著成效，从此成都平原沃野千里，促进蜀地经济文化的繁荣发展。

都江堰

前243 魏安釐王三十四年 人 魏国信陵君卒。与齐国孟尝君、赵国平原君、楚国春申君，号称“四君子”，皆为各国宗室贵族。养士达3000人，对当时的政治、外交、军事等发挥重要作用。

前242 秦 王政五年 人 名家学者公孙龙约卒于本年。他的名辩论题有“离坚白”“白马非马”等。深入分析概念的规定性和差别性，推动了古代逻辑思维的发展，但由于过分夸大差别性而忽视同一性，而陷入诡辩论。著有《公孙龙子》。

前240 秦 王政七年 人 五行家代表人物邹衍卒。他提出“五德终始”说，以五行相克解释社会的变动和王朝兴替的规律性。邹衍著有《邹子》《邹子终始》，皆佚。

前238 赵 悼襄王七年 人 思想家荀子卒。名况，时人尊称他为荀卿，赵国人。荀子继承儒家礼治思想，强调以“礼”来确定人们贵贱尊卑的不同地位。政治上主张霸道、王道兼之。他否认鬼神的存在，认为人的吉凶与自然的变化没有必然联系，把先秦时期的朴素唯物主义思想发展到最高水准。著有《荀子》32篇。

前237 秦 王政十年 史 秦王受保守贵族怂恿，下令逐客。李斯上《谏逐客书》，陈说利害。秦王遂废逐客令。

前235 秦 王政十二年 人 秦相吕不韦卒。曾命门客“人人著所闻”，汇合各家学说，编著成《吕氏春秋》，后世亦称《吕览》。全书以儒、道思想为主，兼及名、法、墨、农、阴阳诸家之说，为秦统一天下、治理国家提供了思想理论。

前233 秦 王政十四年 人 法家代表人物韩非卒。他是韩国贵族，荀子的弟子。主张以法为中心，法、术、势相结合，集先秦法家思想之大成。《韩非子》系后人收集其遗著及他人论述而编成。

前227 秦 王政二十年 史 卫国游侠荆轲受燕太子丹之托，行刺秦王。失败被杀。

荆轲刺秦王画像石

战国时期 文 儒家经典《周礼》成书于战国时期。又名《周官》，为记述周朝职官制度之书。其内容参照周王室官制以及各国制度，依儒家政治理想加以编排而成。

文 儒家经典《礼》（又称《士礼》《仪礼》）旧传为周公所作，实为春秋战国时期儒家学者搜集周王室及各国礼仪制度汇编而成。为研究周代典礼仪制及伦理习俗的重要参考文献。

文《逸周书》，原名《周书》，旧为战国时人拟周代诰誓辞命之作，连序共71篇（已佚9篇），多有篇次错乱及文字脱误。

艺《乐记》约成于战国早期，旧传为孔子再传弟子公孙尼子所作。主要从理论上阐述了音乐的本源、美感、社会作用以及礼乐关系等，强调音乐的教化作用。

文 古代地理著作《山海经》约成书于战国，非出于一人之手。书中记述了民间流传的地理知识，包括山川、民族、物产、药物、祭祀、巫医等，保存了许多远古神话传说，是研究古代地理、历史、神话的重要参考文献。本书也是世界上最早记录矿物的著作之一。

文《世本》为战国时史官所撰。记载了自黄帝至春秋时诸侯大夫的姓氏谱系等。宋时散佚，清学者有辑本。

文 战国军事家尉缭著军事理论著作《尉缭子》。《汉书·艺文志》兵家内著录有《尉缭子》31篇，今存24篇。

艺 战国早期墓葬曾侯乙墓，于1978年发掘于湖北随县。出土青铜器、金器、玉器、漆竹木器等共7000余件。尤以成套编钟珍贵至极。编钟共64件。每件上皆铸有音律名、音阶名、变化音名以及同楚、晋等国律名对应关系，对研究古代音乐价值极高。

曾侯乙编钟

科 甘德和石申是战国中期著名的天文学家。甘德著有《天文星占》，石申著有《天文》。后人合称为《甘石星经》，并把他们测定恒星的记录称为《甘石星表》，是世界上最早的恒星表，比欧洲第一个恒星表还早约200年。

医 扁鹊为战国时著名医学家，姓秦，名越。其医术高超，反对巫术迷信，擅长各科，为中医脉学之倡导者。

医 成书于战国时期的《黄帝内经》，简称《内经》，分为《素问》《灵枢》两部分，为奠定中医理论基础的经典之作。

医 出土于湖南长沙马王堆汉墓的《足臂十一脉灸经》和《阴阳十一脉灸经》是中国最早的脉学著作。《五十二病方》是中国现存最早的医方。三书皆早于《黄帝内经》，大约成书于战国初年。

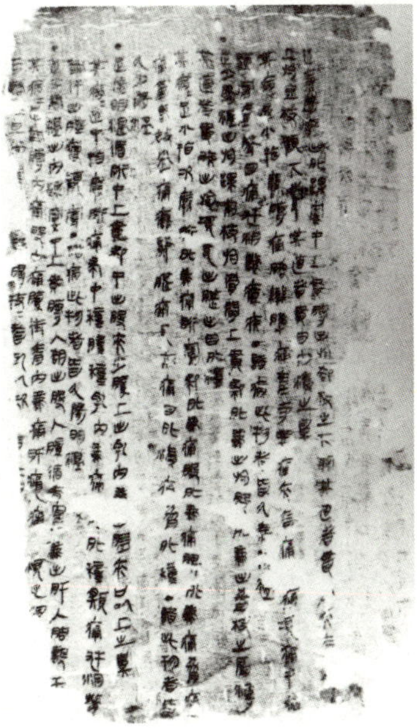

马王堆出土《阴阳十一脉灸经》帛书残卷

文 马王堆汉墓还出土有道家著作《道原》等四种以及《相马经》，皆属战国作品。

秦　公元前221年—前206年

前221	秦始皇二十六年	史 秦王政统一中国，自称始皇帝，建立秦王朝，为中国历史上第一个统一的、中央集权制王朝。
		史 秦遵循五德终始说，崇尚水德，服色尚黑，数以六纪，以十月为年首，民称“黔首”。
		史 废除分封制，全国实行郡县制。
		文 统一度量衡、货币、文字。
前220	秦始皇二十七年	建 在全国修筑驰道，宽50步，每三丈植树，构成以国都咸阳为中心，可达于四边的交通网络。
前219	秦始皇二十八年	史 秦始皇东巡，一路登峄山、泰山、琅邪山，在泰山行封禅礼，并分别立《峄山刻石》《泰山刻石》《琅邪台刻石》。
前218	秦始皇二十九年	史 秦始皇再次东巡，立《之罘刻石》《东观刻石》。
前217	秦始皇三十年	人 狱吏喜卒，随葬有大量秦代法律文书，另有《编年记》等。
前215	秦始皇三十二年	史 秦始皇东巡至碣石，立《碣石刻石》。
		史 拆毁内地长城，夷平险阻，加强各地政治、经济、文化的联系。
前214	秦始皇三十三年	科 史禄主持开凿灵渠，沟通湘、漓二水，将长江与珠江

字砖上的小篆

睡虎地秦简

秦

公元前221年—前206年

两大水系连接起来。渠上筑有陡门，类似船闸，是世界上最早的通航设施之一。

灵渠陡门

建 自本年起，将原秦、赵、燕三国北长城连为一体，西起临洮，东至辽东，成为“万里长城”。

秦长城遗迹

前213 秦始皇三十四年 史 秦始皇下令焚毁除《秦记》以外的列国史籍以及《诗》《书》等百家著作；禁止私学，欲学法令者，以吏为师。古代文化典籍遭到大破坏。

前212 秦始皇三十五年 史 卢生、侯生等方士、儒生批评秦始皇，秦始皇遂坑杀460多名方士、儒生于咸阳。后世将其与上年之焚书合称“焚书坑儒”事件。

建 秦始皇建阿房宫和骊山陵墓。

秦始皇陵兵马俑

秦 公元前221年—前206年

汉 公元前206年—220年

前210	秦始皇三十七年	史	秦始皇南巡至会稽，立《会稽刻石》。在巡视途中，卒于沙丘。
前209	秦二世元年	史	陈胜、吴广揭竿而起。陈胜在陈称王，建立张楚政权。
	秦时期	文	李斯撰《仓颉篇》，赵高撰《爰历篇》，胡毋敬撰《博学篇》，以小篆字体书写，作为学童识字的标准课本。
		科	秦朝建立前后绘于数块松木板上的地图于1986年在甘肃天水放马滩秦墓出土，这是目前所见中国最早的木板地图实物。
		史	秦方士徐福奉始皇之命，率童男童女数千入海，寻找传说中的仙人及不死之药，一去而不返。后世相传漂至日本。
		建	秦统一岭南后，在今广州市中心地区建了大型造船场，其遗址于1975年被发现。
		史	里耶秦简出土。2002年在湖南龙山县里耶古城发现3.6万支秦简，为研究秦朝社会状况提供丰富资料。
前206	汉 高祖元年	史	刘邦军队围攻咸阳，秦王子婴投降，秦朝灭亡。
		史	萧何尽收秦朝廷所藏律令、图籍、文书等，依秦制草创汉律等制度。20世纪80年代，在湖北江陵张家山出土大批汉初简牍，其中的《奏谳书》《二年律令》等都可证实汉初制度的延续性。又有《功令》，提供了汉初戍边杀敌立功授奖方面的可靠记载。
		科	天文历算著作《周髀算经》约成书于汉初或更早。书中阐述了盖天说和四分历法；数学方面，运用了分数和开平方演算法。1984年在湖北张家山汉墓中出土有《算数书》，亦为数学专著，与《周髀算经》似属同一时代的数学著作。
前200	汉 高祖七年	史	博士叔孙通为汉高祖刘邦制定朝仪制度，加强皇权

统治。

前199 汉 高祖八年 史 高祖令定郡国立灵星（农神）祠。

文 约在本年，西汉今文易学开创者田何自鲁地徙居关中传授《易经》。

前196 汉 高祖十一年 史 原秦南海郡龙川县令赵佗乘秦末战乱，行南海尉事，进而兼并桂林、南海、象三郡，建南越国。本年汉遣使封佗为南越王。

前195 汉 高祖十二年 文 高祖以太牢祭祀孔子，开始重视儒家学说。

前194 汉 惠帝元年 史 汉惠帝即位，以曹参为丞相。曹参采用黄老之术，推行无为而治，使民得以休养生息。

前185 汉 高后三年 人 长沙国丞相利仓卒。利仓及其家属的墓葬于1972年在湖南长沙马王堆被发现。

马王堆出土帛画

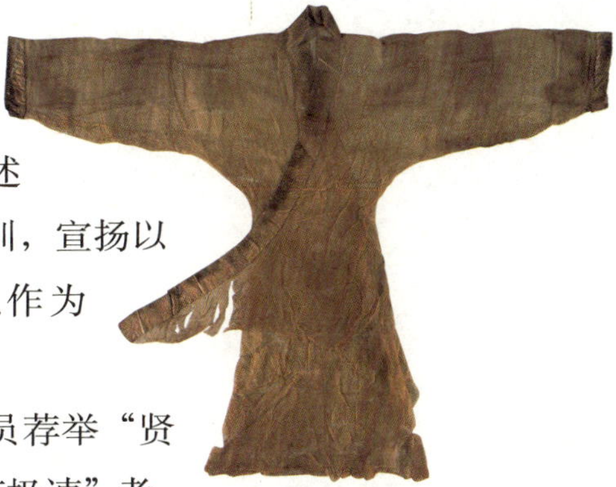
马王堆出土纱衣

前179 汉 文帝元年 文 政论家贾谊约于此时撰《过秦论》，论述秦朝兴亡的教训，宣扬以儒家仁义教化作为治国指导。

前178 汉 文帝二年 史 汉文帝诏令官员荐举“贤良方正、能直言极谏”者。

此种察举制度为汉朝选人任官的主要途径，高祖时已偶有类似诏令，文帝时渐成制度。

文 经学家伏生卒于本年，曾传授今文《尚书》29篇。时太常掌故晁错奉命从伏生学《尚书》。

人 政论家陆贾约卒于本年。他曾撰文告诫高祖刘邦，天下可“马上（武力）得之”，但不能“马上治之”，建议推行儒家仁政，并辅以黄老的无为而治。著有《新语》。

前169 汉 文帝十一年 史 汉文帝采纳晁错建议，在中原地区募民，迁徙北边，抵御匈奴的侵扰。

边疆出土的汉柳字板瓦

前165 汉 文帝十五年 史 汉文帝诏举“贤良方正、能直言极谏”者，并亲自策问被荐举者。此为汉朝察举有考试之始。

前163 汉 文帝后元元年 医 医学家淳于意行医约在此时期。他曾任齐太仓令，故又称仓公，擅辨证审脉。《史记·扁鹊仓公列传》记载了他的25例医案，是今天所见中国最早的病史记录。

前154 汉 景帝三年 人 政论家晁错被斩。汉景帝采纳晁错削藩之策，引发吴楚七国之乱。

前152 汉 景帝五年 人 天文历算家张苍卒。曾改定音律、历法，向高祖建议汉崇水德、色尚黑，用颛顼历等，并整理《九章算术》。

前150 汉 景帝七年 文 文学家邹阳为梁孝王宾客，被谗下狱，作《狱中上梁王书》申诉冤屈，得释。又有《上吴王书》等。其文尚有战国游说善辩之风。

前149 汉 景帝中元元年 文 经学家辕固生治《诗》，景帝时任博士，为今文“齐诗学”创立者，主张抑道扬儒。

前144 汉 景帝中元六年 文 经学家韩婴约于本年任常山王太傅。治《诗》及《易》，开创今文“韩诗学”。

前141 汉 景帝后元三年 史 汉景帝卒。西汉文帝、景帝实行“与民休息”政策，使社会生产得到恢复和发展，并且致力于削弱地方诸侯势力，加强中央集权，史称“文景之治”。

汉景帝陵仪仗俑群

科 文帝景帝时可能已有植物纤维纸。1986年在甘肃天水放马滩汉墓中发现一幅植物纤维纸地图叠放在尸体胸前。据考古测定，该墓葬当属于西汉早期。

西汉早期的麻纸

教 景帝末年，蜀郡太守文翁在成都建学校，入学者得免除徭役，优者补郡县吏。此为地方官府创办学校较早者。又遣小吏张宽等至长安，学儒家经典于博士，学成返蜀教授，推动巴蜀文化的发展。

前140 汉 建元元年 史 汉武帝即位。自本年起始有帝王年号。年号之创建始于武帝元鼎四年（公元前113年），此前之建元、元光、元朔、元狩等年号皆系追纪。

史 诏举贤良方正直言极谏之士，以此提拔儒家学者；凡治法术、刑名、纵横家之学者，辄被黜退。

人 著名辞赋家枚乘卒。汉武帝以安车蒲轮征枚乘入京，乘卒于途。今存其作《七发》等3篇。以《七发》最为著名。

前139 汉 建元二年

史 张骞奉武帝命出使大月氏，以联合大月氏抗击匈奴。途中为匈奴扣留，前后达11年。

张骞出使西域壁画

前136 汉 建元五年

文 武帝增立《易》《礼》博士，儒学五经博士置齐，皆为今文经学派。

前135 汉 建元六年

史 窦太后卒，黄老之学始衰。田蚡出任丞相，数百儒生受到聘任。

史 唐蒙奉命出使夜郎，沟通了汉与西南的联系。

前134 汉 元光元年

文 武帝策问贤良文学，董仲舒对以“天人”三策，提出“罢黜百家，独尊儒术”，为武帝所采纳。又依董仲舒建议，令郡、国举孝、廉各一人，使察举制度逐步完善。

科《汉书·天文志》记载本年六月“客星见于房”，这是关于新星世界的最早记录。

前130 汉 元光五年

人 河间献王刘德卒。刘德好儒学，多延聘山东儒生，搜求古书。相传刘德曾得先秦古文《周官》《尚书》《礼》《礼记》《孟子》《老子》等书，并立古文经《毛诗》《左氏春秋》博士，以与朝廷今文经学博士相抗衡。又擅长音乐，于本年将所编集的雅乐贡献给朝廷太乐署。

前128 汉 元朔元年 史 张骞从匈奴逃出，继续出使西域，经大宛、康居，至大月氏。复至大夏，见到由身毒（指古印度）传去的四川邛竹杖、蜀布。表明此前中国西南地区和印度半岛、阿富汗北部一带已有交通贸易往来。

人 鲁恭王刘余卒。刘余为景帝子，好治宫室。相传曾坏孔子旧宅，以广其宫，在壁中发现先秦古文《尚书》《礼记》《论语》等。

前127 汉 元朔二年 人 主父偃被诛。偃以纵横术为武帝擢用，晚年亦学《易》《春秋》及诸子学说。其“推恩”之策被武帝采纳，使诸侯王多分封子弟为侯，而王国封地日渐缩小。《汉书·艺文志》纵横家有《主父偃》28篇，今仅存清人辑本。

前126 汉 元朔三年 史 张骞归抵长安，出使西域历时13年，成为沟通汉与西域联系、开辟“丝绸之路”的先驱。

波斯风格的织锦

前 124 汉 元朔五年

教 初置博士弟子 50 人。由太常及地方郡国选拔人才至京城，从博士授业，免其徭赋。经一定年限，通过考核，可授予官职。可视为汉朝太学之初始。

前 122 汉 元狩元年

人 淮南王刘安以谋反事发自杀。高祖孙，好读书鼓琴，善为文辞。主持编著《鸿烈》（亦称《淮南鸿烈》《淮南子》），其书以道家观点为主，并综合法、儒、阴阳等诸家思想而成。《汉书·艺文志》列为杂家。

史 据《淮南子》记载，汉代已有习俗在大门两侧置桃木符，上写避灾祈福语。

前 120 汉 元狩三年

艺 汉廷扩大乐府规模与职能，使乐府以掌管俗乐为主，以李延年为乐府协律都尉，派人至全国各地采集民歌。

前 119 汉 元狩四年

史 霍去病和卫青击败匈奴主力，结束了汉与匈奴的第三次大战役，解除了自秦汉以来匈奴的威胁，保证了丝绸之路的畅通无阻。

史 张骞率 300 人出使乌孙，为第二次通使西域。

史 汉迁乌桓于上谷、渔阳等五郡塞外，置护乌桓校尉统辖之。

前 118 汉 元狩五年

史 汉罢三铢钱，铸五铢钱。因其方便，一直流通至唐初。五铢钱为中国古代流通最久的钱币之一。

五铢钱

人 辞赋家司马相如卒。字长卿，蜀郡成都人。工于辞赋，代表作有《子虚赋》《上林赋》等，尽极铺张，于篇末寄寓讽谏，为汉赋之典型。原集已散佚，后人有辑本。

前117 汉 元狩六年

人 著名将领霍去病卒。多次击败匈奴主力，战功显赫，死后陪葬武帝茂陵。其墓前置有各种大型圆雕石刻，形象生动，造型浑厚，为中国古代雕刻艺术之杰作。

马踏匈奴石雕

前115 汉 元鼎二年

文 汉武帝在长安建柏梁台，置酒其上，诏群臣和诗联句。诗为七言，每人一句，每句用韵，世称柏梁体。

史 张骞与乌孙使者同归长安。此后，中西使者相望于道，各国的音乐、绘画、雕刻等艺术也随之传入中国。

前113 汉 元鼎四年

史 汾阴出土大鼎，方士公孙卿妄言合于黄帝升仙故事，汉武帝遂以“元鼎”为年号。

人 中山靖王刘胜卒。刘胜是景帝子、武帝庶兄。1968年对其墓葬进行考古发掘，其墓中随葬物品有金缕玉衣、长信宫灯、错金博山炉等，皆为汉代铜器中的艺术瑰宝。

金缕玉衣

长信宫灯

汉 公元前206年—220年

前111	汉 元鼎六年	史	汉建珠崖郡，辖境为今海南岛。海南岛少数民族与内地经济、文化交流得以加强。
		史	汉平南越及西南诸国，并设郡统辖，促进了中原与南方及西南经济、文化的联系。
前110	汉 元封元年	人	史学家司马谈卒。司马谈是夏阳人，任太史令。他立志撰史，未竟而卒，由其子司马迁著《史记》。司马谈曾对先秦道、儒、名、法、墨、阴阳六家学说做了概括和评价。
前109	汉 元封二年	史	武帝亲至东莱海边迎见神仙。由于武帝崇信神仙方术，此时方士已达万余。
前108	汉 元封三年	艺	长安作角抵戏，周围三百里民众前来观看。汉代泛称各种乐舞、杂技为角抵戏。
前107	汉 元封四年	人	目录学家杨仆约卒于本年。奉武帝命为历代兵书编目整理，撰成《兵录》。
前105	汉 元封六年	史	以江都王之女细君为公主，嫁与乌孙昆莫（王）之孙，加强了汉与乌孙的经济、文化交流。
		史	汉使至安息。安息王命人至国境远迎。不久又遣使臣至长安，献犁轩（古国名）眩人（魔术师），能“吞刀吐火”“屠人截马”。此为安息首次通汉。

汉 公元前206年—220年

倒立杂技俑

前104 汉 太初元年 科 实行由落下闳、邓平等创制的《太初历》，以代替误差日显的《颛顼历》。《太初历》是中国古代第一部比较完整的历法。

人 今文经学家董仲舒卒。他倡导“独尊儒术”，为汉武帝所采纳，使儒学从此成为中国历代的正统思想。著有《春秋繁露》《董子文集》等。

前102 汉 太初三年 科 汉武帝时，汉地的接连凿井、井下开暗渠相通的做法传至大宛，并在西域干旱地域推广，促进当地的农业生产。此法沿用至今，被称为坎儿井。

前101 汉 太初四年 建 汉朝在敦煌至盐泽一线修筑亭障烽燧，并在轮台、渠犁等地屯田，置使者校尉领护，保证了“丝绸之路”的畅通。西域的葡萄、苜蓿、西瓜、石榴等相继传入中原。

甘肃敦煌烽火台遗址

前99	汉 天汉二年	文	司马迁为李陵降匈奴辩护，触犯武帝而遭腐刑，遂发愤撰述《史记》。
前97	汉 天汉四年	文	经学家夏侯始昌以《尚书》及《洪范五行传》授族子夏侯胜，开创西汉今文《尚书》大、小夏侯学。
前93	汉 太始四年	文	司马迁作《报任少卿书》，为回复好友任安的信。信中，司马迁表达了自己的志向和撰写《史记》的主旨。
前93	汉 太始四年	人	文学家东方朔约卒于本年。博学多才、诙谐滑稽，善辞赋。后世《神异经》等小说系伪托其名之作。
前92	汉 征和元年	史	丞相公孙贺捕获阳陵游侠朱安世。汉初以来，承战国遗风，侠义仍为时推重，朱家、剧孟、郭解等皆一时名侠。武帝以后任侠之风渐衰。

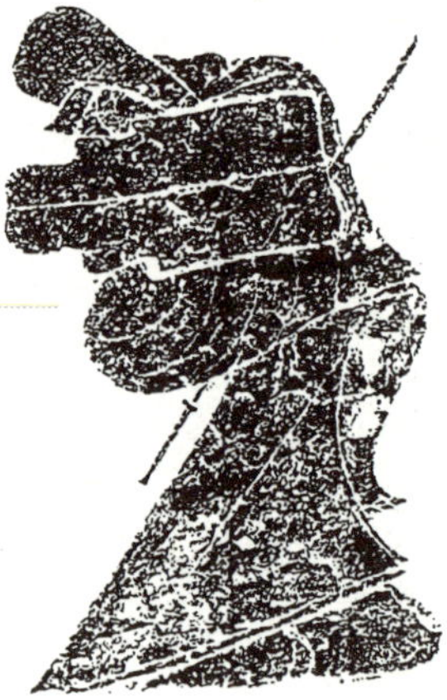

舍己救人的游侠形象

前90	汉 征和三年	人	史学家司马迁约卒于本年后。所著《史记》为中国第一部通史；创用纪传体体裁，开创了后世官修国史的体例；对后世文学发展亦有相当影响。
前81	汉 始元六年	史	郡国举贤良方正60余人来京，与御史大夫桑弘羊辩论盐铁专卖政策。宣帝时，桓宽据会议记录整理为《盐铁论》，为研究西汉经济思想提供了重要资料。
		史	苏武自匈奴归汉。苏武奉命出使匈奴，被拘19年，守节不屈。其坚持民族气节的不屈精神，为后世所推崇。
前80	汉 元凤元年	人	桑弘羊因谋废昭帝、拥立燕王被诛。为西汉杰出的政治家。武帝时，他推行盐铁酒类由国家专卖，增

加了政府收入，并削弱了富商大贾的势力。

齐铁官印封泥

前71 汉 本始三年 文 因卫太子喜好《春秋穀梁传》，宣帝于本年或稍后召蔡千秋选郎十人，以授《穀梁传》。穀梁学得以复兴。

前60 汉 神爵二年 史 西汉始设西域都护府，治所在乌垒，管理西域诸国，对巩固西域与内地的政治、经济、文化联系和保护商路畅通起到积极作用。

前55 汉 五凤三年 人 经学家梁丘贺约于本年卒。梁丘贺字长翁，师从京房学《易》，创今文易学之梁丘学。清人辑有《周易梁丘氏章句》。

前52 汉 甘露二年 科 历算家耿寿昌制成铜铸浑天仪以观测天象。还曾删补《九章算术》。著有《月行帛图》等，已佚。

前51 汉 甘露三年 史 匈奴呼韩邪单于率众朝汉，宣帝以隆重礼仪接见。此后六十年间，匈奴与汉和睦相处，双方文化进一步交融。

文 宣帝以儒家经学众说纷纭，在石渠阁诏诸儒讲论五经异同，史称“石渠阁议”。

前50 汉 甘露四年 宗 印度佛教已于此时传入西域，于阗建赞摩寺，为西域最早的佛寺。

科 《九章算术》约成书于此时期，它系统总结了自先秦以来的数学成就，体现了汉代中国数学在世界上的领先地位。

前49 汉 黄龙元年 文 经学家孟喜创立易学“孟氏学派”。约于本年被立为博士。

前48 汉 初元元年

史 诏命孔子后裔孔霸以食邑八百户奉祀孔子，此为孔子后裔奉祀孔子之始。

人 张敞卒。曾有古鼎出于美阳，其上古文款识被张敞一一辨识。此为古代有关金石考古及古文字学的较早记录。

前43 汉 永光元年

科《汉书·五行志》记四月“日黑居仄，大如弹丸”，此为对太阳黑子的最早记载。

前41 汉 永光三年

人 经学家严彭祖约卒于本年。从眭弘学《春秋公羊传》，创立严氏学派。宣帝时立为博士。清人辑有《公羊严氏春秋》等。

前37 汉 建昭二年

人 经学家京房遭诬被斩。创立易学之京氏学派，元帝时立为博士。有《京氏易传》等流传。

前33 汉 竟宁元年

史 匈奴呼韩邪单于朝汉求和亲。宫人王嫱（字昭君）自请嫁之。

单于和亲瓦当

王昭君墓

前26 汉 河平三年

文 汉成帝命征集天下遗书。刘向主持校阅群书，撰成《别录》（今仅存个别篇章），为中国最早的目录学著

汉 公元前206年—220年

		作。此为中国历史上第一次大规模系统整理图书文献的活动。
前16	汉 永始元年	文 刘向编成《列女传》。此书成为后世统治者向妇女灌输伦理道德的重要读本。
前8	汉 绥和元年	史 封孔子后裔孔吉为殷绍嘉侯，不久又晋升为公爵。此为孔子后裔得封爵之始。
		人 刘向卒。治《春秋穀梁传》，好以阴阳灾异推论时政得失。以校理群书、撰成《别录》为一生最大成就。著有《列女传》《新序》《说苑》等存世，后人另有辑集。
前7	汉 绥和二年	科 农学家氾胜之约在此时撰成《氾胜之书》（今存辑本），总结关中一带的农业生产经验和技术发明，反映了当时农业科技的水平。
		科 水利家贾让上《治河三策》，为历史上第一份全面治理黄河的文献。
前6	汉 建平元年	史 刘歆请立《尚书》《左传》等古文经学博士，遭到今文经学博士反对，未能实现。此后今古文之争又趋激烈。
前5	汉 建平二年	人 张禹卒。专治《论语》，曾兼取《齐论》《鲁论》之长，编成《论语章句》（又称《张侯论》），通行于世。从此诸家《论语》渐衰。
前2	汉 元寿元年	宗 博士弟子景卢（或作秦景宪）受大月氏使者伊存口受《浮屠经》。表明西汉末年，印度佛教已通过“丝绸之路”传入中国。
		人 女文学家班婕妤卒于哀帝时。其名不详，楼烦人。少有才学。著有《自悼赋》《捣素赋》等，描写宫中之愁苦郁闷生活。
1	汉 元始元年	史 汉平帝追谥孔子为褒成宣尼公。此为帝王追谥孔子之始。

孔庙

汉 公元前206年—220年

2	汉 元始二年	科	《汉书·地理志》记载，上郡高奴“有洧水，可燃”，为关于石油的最早记载。西河鸿门有“火井祠，火从地出”，为关于天然气的较早记载。
3	汉 元始三年	教	郡国以下皆立官学。郡国为学，县、道、邑、侯国为校。学、校各置经师一人。乡称庠，聚称序，各置孝经师一人。
4	汉 元始四年	史	王莽奏建明堂、辟雍。
		文	征天下通小学家者百余人，各记辨识之字。扬雄整理成《训纂篇》（已佚），以续《仓颉篇》。
5	汉 元始五年	文	征天下通知逸经、古记、天文、历算、钟律、小学、史篇、方术、本草及以五经、《论语》、《孝经》、《尔雅》教授者至京师，至者数千人。
		史	十二月，汉平帝刘衎卒。此时期谶纬之学渐盛行于世。以后王莽篡位、刘秀复汉皆以符瑞谶语相附会。
6	王莽 居摄元年	史	王莽立年仅2岁的刘婴为皇太子，称孺子婴，由自己摄政。
7	王莽 居摄二年	史	王莽改元居摄。王莽为其篡位进一步创造条件。
8	王莽 居摄三年	史	王莽借符瑞代汉称帝，国号新，年号始建国。以十二月朔为始建国元年正月朔。

始建国元年方斗

9 新 始建国元年 史 王莽任刘歆为国师，并抬高古文经学的地位，为其前一年代汉称帝制造理论根据。

18 新 天凤五年 人 扬雄卒。在文学、哲学、语言学方面皆有成就。提出“玄”为宇宙万物根源的观点。又著《方言》，对西汉各地方言进行研究。另有《训纂篇》。后人辑有《扬子云集》。

史 此时街市上已有售书店铺，称书肆。扬雄《法言》有“好书而不要诸仲尼，书肆也”。

19 新 天凤六年 史 征募有奇技者以击匈奴。有人言能腾空飞行以窥敌情。其法为通身附毛羽，以大鸟翮为两翼，学鸟扑飞，飞翔数百步而堕。

23 新 地皇四年 人 刘歆以谋诛王莽，事泄自杀。刘歆是刘向之子，继承刘向遗业，继续整理朝廷藏书，将之分成七类，编成《七略》，为中国第一部图书分类目录，创七类分法，对中国目录学发展具有深远影响。原书已佚，清人有辑本。

25 汉 建武元年 史 刘秀即帝位，为东汉光武帝。定都洛阳。

26 汉 建武二年 文 立经学博士14家：《易》为施、孟、梁丘、京氏四家；《尚书》为欧阳、大小夏侯三家；《诗》为齐、鲁、韩三家；《春秋》为严、颜氏二家；《礼》为大、小戴二家。设祭酒一人主持太学。

28 汉 建武四年 文 会集公卿、大夫、博士于云台，辩论是否立古文《春秋左氏传》博士。由于今文经学派的激烈反对，古文经学始终未能立于学官。

东汉儒学讲经图

29 汉 建武五年 史 此时期，交趾太守锡光、九真太守任延教导越人掌握先进的耕稼技术，并设立学校，传播儒学。

31 汉 建武七年 科 南阳太守杜诗发明水排，即水力鼓风器械，用以鼓铸铁器，较欧洲之发明早 1000 年。

43 汉 建武十九年 史 马援平定交趾后，在当地申明刑律、修治城郭、兴修水利，促进了汉越两地经济文化的交流。

52 汉 建武二十八年 文 史学家袁康著成《越绝书》，记春秋吴越二国史事，多采传闻异说。

54 汉 建武三十年 人 史学家班彪卒。班彪致力于收集汉武帝以后史料，以续司马迁《史记》，作《后传》60 余篇。后其子班固、女班昭在此基础上撰成《汉书》。

56 汉 中元元年 史 光武帝封禅泰山。于洛阳立七郊（天、地及五帝）、三雍（辟雍、明堂、灵台）及大射等礼仪。20 世纪 60 年代，考古学家对东汉洛阳都城遗址进行发掘，于城南发现辟雍、明堂、灵台之基址。其中灵台为古代最大的天文台遗址。

人 哲学家桓谭卒。博学多通。提出“以烛火喻形神”的无神论观点。著有《新论》29 篇，今仅存《形神篇》。

人 经学家张纯卒。曾为朝廷定郊庙、婚丧礼仪及辟雍、

汉 公元前 206 年—220 年

明堂制度。

57 汉 中元二年 史 倭奴国（日本古称）王遣使来汉，光武帝赠以印绶，印文为隶体、阴刻“汉委（倭）奴国王”。此印1784年于日本九州岛福冈县被发现，对研究日本历史及中日关系史具有重要价值。

59 汉 永平二年 教 明帝亲临辟雍，行大射、养老等礼。各郡、国、县、道亦于地方学校行乡饮酒礼，以祭周公、孔子。以后郡国十月行乡饮酒礼，遂为东汉常制。

62 汉 永平五年 文 班固以私撰国史下狱，得弟弟班超营救，获释。除兰台令史，命续成《汉书》。

64 汉 永平七年 宗 明帝遣使者蔡愔等往天竺（指古印度），求访佛法。

65 汉 永平八年 宗 楚王刘英以崇尚佛教斋戒，献缣帛三十匹自赎罪过，明帝命以之助沙门之盛馔。

66 汉 永平九年 教 为外戚樊、郭、阴、马四姓开立学校，设五经师。

67 汉 永平十年 宗 使者蔡愔迎中天竺僧人摄摩腾等归至洛阳，并驮回一些经卷。

68 汉 永平十一年 宗 在洛阳建寺院，以为摄摩腾翻译佛经、从事佛教活动的场所。

中国第一座佛教寺院白马寺

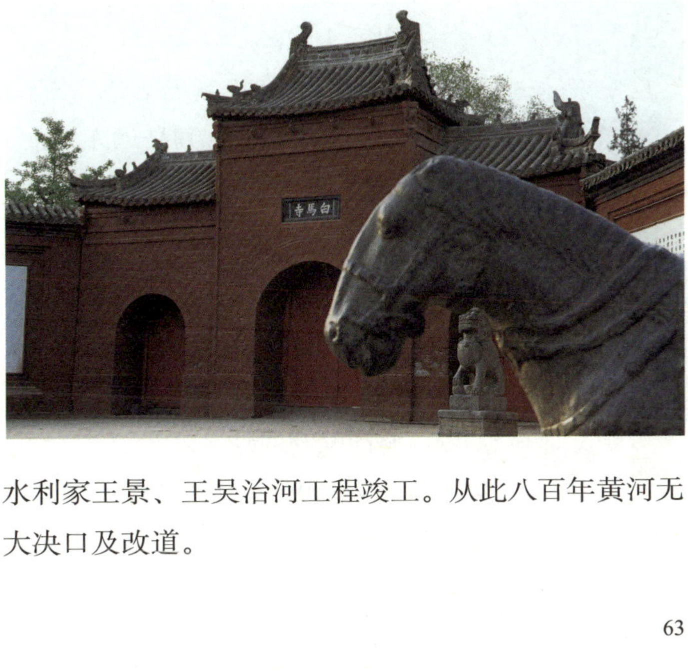

70 汉 永平十三年 科 水利家王景、王吴治河工程竣工。从此八百年黄河无大决口及改道。

72	汉 永平十五年	史	明帝亲赴孔子故里，祭祀孔子及七十二弟子。此为孔子弟子配享之始。
73	汉 永平十六年	史	班超再通西域，西域与中原交往中断 60 余年后又得恢复。
75	汉 永平十八年	宗	阳城侯刘峻等出家为僧，又有洛阳妇女阿潘等出家为尼。此为中国早期出家僧尼。当时一般百姓不准随便出家。
76	汉 建初元年	文	经学家贾逵比较“春秋三传”之优劣，认为《左传》与谶纬相合，可立博士。汉章帝遂命逵选《公羊传》高才生 20 人，教以《左传》。
79	汉 建初四年	文	召博士、议郎、儒生等会集白虎观，讲论今、古文两派经学之异同。会上两派辩论激烈。今文经学终因章帝支援告胜。会后班固奉命整理纪要，撰成《白虎通义》（亦称《白虎议奏》《白虎通》等），总结并发展了董仲舒以来的今文经学派，对儒学的神学化给予了肯定，巩固了今文经学派的政治、学术地位。
83	汉 建初八年	人	史学家赵晔约卒于本年。撰《吴越春秋》，记述吴、越史事。于旧史所记外，加入不少民间传说，可补正史之不足。
84	汉 元和元年	科	郗萌对先秦以来的天体“宣夜说”做了进一步阐述，认为天无形质，其高远亦无止境，日月众星飘浮空中，皆依赖于气。此种宇宙观在宇宙认识上最接近现实，具有重要意义。
85	汉 元和二年	科	颁行《四分历》。以岁余为四分之一日得名。由历算家李梵等编订。
91	汉 永元三年	史	北匈奴不断受到汉军与南匈奴的攻击，无力抵抗，开始向欧洲西迁。
92	汉 永元四年	人	史学家班固因窦宪案牵连死于狱中。所撰《汉书》确立了纪传体断代史体例，为后世官修史书所沿用。又

善为赋、颂，有《两都赋》《北征颂》等。所撰《白虎通义》在经学史上具有重要地位。后人辑有《班兰台集》。

人 文学家崔骃卒。字亭伯，涿郡安平人。著有《达旨》等赋、颂。后人辑有《崔亭伯集》。

93 汉 永元五年 史 规定地方郡国按人口多寡举孝廉，改变过去一律岁举2人的做法。

94 汉 永元六年 人 经学家丁鸿卒。字孝公，治欧阳《尚书》。在白虎观会上，丁鸿的论点广为人知，被誉为“殿中无双”。

97 汉 永元九年 史 甘英受西域都护班超派遣，出使大秦（罗马帝国），经安息抵达条支，为大海（指波斯湾）所阻而返。

罗马玻璃瓶

史 掸国（在今缅甸东北）国王遣使来汉，双方互赠礼品。此为中缅交往的最早记录。

人 思想家王充约卒于本年。字仲任，会稽上虞人。著有《论衡》，以“元气”为万物的原始形态，对唯心主义的天人感应、谶纬迷信给予了批判。《论衡》中提到十二生肖与十二地支相配合，反映此

汉 公元前206年—220年

时已有“十二属相”风俗。

101 汉 永元十三年 人 经学家贾逵卒。字景伯，扶风平陵人。治古文经学，兼通今文经学。为提高古文经学地位做出贡献。著有《春秋左氏传解诂》等，仅存辑本。

102 汉 永元十四年 人 班超归洛阳后卒。班超为汉经营西域30余年，使“丝绸之路”复通，促进了西域与中原的联系。

105 汉 元兴元年 科 宦官蔡伦改进造纸技术，制造出价格低廉又便于书写的纸张，世称“蔡侯纸”。

110 汉 永初四年 文 刘珍及五经博士等受命整理东观藏书，这是自刘向之后又一次大规模官藏图书整理。

文 班昭所撰《女诫》约成于本年。书中强调妇女必须遵从的道德标准和行为规范，为后世统治者所重视。

116 汉 元初三年 文 王逸所撰《楚辞章句》约完成于本年，此为最早的《楚辞》完整注本。

118 汉 元初五年 建 太室阙建成，位于太室山庙前神道中，与同时期建造的少室阙、启母阙并称“中岳汉三阙”。三阙皆镌刻篆、隶铭文及民俗画像，属汉代雕刻珍品。

120 汉 永宁元年 艺 大秦国（罗马帝国）幻人（魔术杂技演员）随掸国使者至洛阳，能为吐火、肢解、易头、跳丸等表演。

123 汉 延光二年 史 西域车师等国依附北匈奴攻扰河西，东汉初打算放弃西域，由于班超之子班勇等反对，乃以勇为西域长史，再通西域。自建武以来，西域与中原三绝三通。

131 汉 永建六年 教 因太学房舍多坏，遂于本年在都城洛阳营建太学240栋，房舍1850间。

132 汉 阳嘉元年 史 增加察举名额，并规定郡国选举孝廉之标准。

科 张衡制出世界最早的地动仪，能测定较强地震的方位，比外国地震仪早1700多年。

地动仪

汉 公元前206年—220年

135	汉 阳嘉四年	史	谢廉、赵建年仅十二，因能通经，举为童郎。此为童子任郎之始。
136	汉 永和元年	文	伏无忌、黄景等受命校理宫内收藏的五经及诸子等图书。
138	汉 永和三年	科	张衡创制的地动仪成功地测到金城、陇西的大地震。
139	汉 永和四年	人	天文学家张衡卒。字平子，南阳西鄂人。精通天文历算，创制了世界最早的地动仪和浑天仪。在天文著作《灵宪》中，第一次正确解释了月食的成因，并提出了宇宙的无限性。又擅长诗赋，后人辑有《张河间集》。
141	汉 永和六年	宗	张陵（又称张道陵）在蜀郡鹄鸣山创立五斗米道。奉老子为教主，以符水咒法为人治病。
143	汉 汉安二年	人	马续卒。马续字季则，扶风茂陵人。精通《九章算术》，曾奉命与班昭补《汉书·天文志》。
		人	崔瑗卒。崔瑗字子玉，涿郡安平人。擅章草，对当时书法影响较大。著有《草书势》。后人编有《崔瑗集》。
144	汉 建康元年	宗	于吉向宫崇传授《太平清领书》，可视为太平道活动之始。
146	汉 本初元年	教	命郡国荐举明经赴太学，自大将军以下至六百石皆遣子受经，并依课试成绩给予赏赐。

147 汉 建和元年

[艺] 山东嘉祥县武宅山村东汉武氏祠画像石自本年开始刊刻，前后营造数十年。其中以武梁祠画像石最为著名。

东汉武氏祠画像石

[人] 文字学家许慎约卒于本年。所编撰的《说文解字》为中国第一部分析字形、考究字源的字典。还著有《五经异义》，已佚。

[宗] 月氏国僧人支谶来洛阳，第一次把印度大乘佛教般若学说传到中国来，并翻译《般若道行经》等 14 部佛经。

148 汉 建和二年

[宗] 安息僧人安世高经西域来洛阳，传布小乘佛教及禅定理论，并翻译小乘佛经 35 部。

165 汉 延熹八年

[史] 桓帝命中常侍左悺赴苦县祭祀老子。此为帝王祀祠老子之始。

老子像

汉 公元前206年—220年	166	汉 延熹九年	史 司隶校尉李膺、太尉陈蕃与太学生郭泰、贾彪等议论时政，抨击宦官专权。宦官则以“诽讪朝廷”相诬。桓帝下令逮捕李膺等200多名“党人”，史称第一次“党锢之祸”。
			史 有大秦国王（罗马皇帝）安敦尼所遣使者自日南郡登陆至洛阳，赠以象牙、犀角等礼品。此事罗马史书无载，或谓罗马商人自称使者，然终为中国与欧洲国家的直接交往。
			人 经学家马融卒。马融字季长，扶风茂陵人。注《论语》《毛诗》等多部经书，推动古文经学的发展。同时兼注《老子》《淮南子》。对魏晋清谈有一定影响。后人辑有《马季长集》。
	167	汉 永康元年	文《古诗十九首》约产生于桓、灵之际。作者多为下层文人，非一人一时之作，语言朴素，感情真切，在五言诗的发展中占有重要地位。
			艺 画家刘褒于桓、灵帝时以绘画闻名。绘有《北风图》《云汉图》等，人誉之为见而知凉热。与张衡、赵岐、蔡邕并称东汉四大画家。
	168	汉 建宁元年	宗 张角约于此时期传布太平道，以《太平经》为指导，在青、徐、幽、冀等八州广收弟子，联络民众达数十万人。
	169	汉 建宁二年	史 灵帝在宦官鼓动下搜捕李膺等百余人，又陆续杀死、流徙所谓党人六七百人。此为第二次“党锢之祸”。
	170	汉 建宁三年	人 政论家崔寔约卒于本年。崔寔著有《政论》，对时政弊端加以抨击。又著《四民月令》，逐月记述士、农、工、商的生产和生活情况。二书仅有辑本。
	175	汉 熹平四年	教 太学门外立石碑，以隶书刻《尚书》《周易》等七经，史称《熹平石经》，为中国最早的官定儒家经典读本，也是古代石刻经书之始。
	178	汉 光和元年	教 朝廷在洛阳鸿都门设立专门学校，学生专习辞赋书

画。学成后授予官职。

185 汉 中平二年

科 《后汉书·天文志》载，十月“客星出南门中，大如半筵，五色喜怒，稍小。至后年六月消”。此为世界上最早的准确完整的超新星记录。

艺 《曹全碑》刻成。曹全曾为合阳县令，碑文记其家世和事迹。以隶体书之，清丽秀逸，属汉隶名碑。此碑于明朝万历时出土于合阳。

186 汉 中平三年

艺 《张迁碑》刻成。碑文记述张迁为谷城长时的政绩，以隶体书写，朴厚劲媚，属汉隶名碑。

189 汉 永汉元年

史 由于灵帝喜好胡服，宫中盛行胡服、胡饭、胡箜篌、胡乐舞等，京师贵戚竞相效仿。促进了中原地区对少数民族文化的吸取。

190 汉 初平元年

史 董卓挟持汉献帝迁都长安，洛阳的古建筑及宫中收藏的众多图书皆付之一炬。

191 汉 初平二年

宗 五斗米道首领、张陵之孙张鲁占据汉中，建立政教合一的政权达20余年。

192 汉 初平三年

人 学者蔡邕卒。蔡邕字伯喈，陈留圉县人。通经史、天文、音律。修撰史书《东观汉记》等。书法以隶书著称，著有《篆势》《隶势》。长于人物绘画。曾制焦尾琴。原有《蔡中郎集》，已佚，后人有辑本。

人 书法家张芝卒。张芝字伯英，敦煌酒泉人。擅长章草，后省减笔画，创为“今草”。被时人誉为草圣，对晋之二王草书颇有影响。

人 经学家服虔约卒于本年。服虔初名重，又名祇，字子慎，河南荥阳人。治古文经学，著有《春秋左氏传解谊》，已佚。

194 汉 兴平元年

宗 中国最早的佛学论著《理惑论》（亦称《牟子理惑论》）约成书于此时期。书中针对佛教传入中国后在社会上引起的各种反响、疑难给予解答和批驳，广引孔子、老子论点为佛教辩护。

195	汉 兴平二年	人 许劭卒。许劭字子将，汝南平舆人。与兄许靖品评乡党人物，每月更换品题，时称“月旦评”。对东汉末年乡间评议之风起了推动作用。
200	汉 建安五年	人 经学家郑玄卒。郑玄字康成，北海高密人。以治古文经学为主，兼采今文经说，结束了两汉以来的今、古文经学之争。对整理古代文献颇有贡献。
201	汉 建安六年	人 经学家赵岐卒。赵岐字邠卿，京兆长陵人。撰有《孟子章句》。又擅长人物画。
207	汉 建安十二年	人 女诗人蔡琰（文姬）约在此时被曹操从南匈奴赎回。整理其父蔡邕之遗著。

《文姬归汉图》中的蔡文姬

208	汉 建安十三年	人 文学家孔融被曹操所杀。孔融是建安七子之一。后人辑有《孔北海集》。
		人 医学家华佗被曹操所杀。华佗精通医术，曾成功地施用麻醉药物进行手术，在世界外科麻醉史上占有重要地位。创五禽戏作为医疗保健体操。所著医书已佚。
209	汉 建安十四年	人 学者荀悦卒。荀悦字仲豫，颍川颍阴人。曾著《申鉴》5 篇，批判谶纬神学，反对土地兼并，为汉末重要思想论著。又以《汉书》繁重，改为编年体裁，

汉 公元前 206 年—220 年

撰成《汉纪》。

210 汉 建安十五年 史 曹操初下“唯才是举”令，敦促选拔人才。

212 汉 建安十七年 人 文学家阮瑀卒。阮瑀是建安七子之一。其作品留存很少，以《驾出北郭门行》闻名。

214 汉 建安十九年 史 曹操下《敕有司取士毋废偏短令》，提出对人才的品行不该求全责备的思想。

曹操彩像

史 曹操再下《举贤勿拘品行令》，强调选人勿拘操行。

人 文学家徐干卒。徐干是建安七子之一。著有《中论》《室思》。后人辑有《徐伟长集》。

人 文学家王粲卒。王粲在建安七子中最负盛名。其《七哀诗》《从军行》等皆为名作。后人辑有《王侍中集》。

人 文学家陈琳卒。陈琳是建安七子之一。诗歌仅存四篇，以《饮马长城窟行》最为著名。后人辑有《陈记室集》。

人 文学家刘桢卒。刘桢是建安七子之一。其五言诗成就最大。后人辑有《刘公干集》。

人 文学家应玚卒。应玚是建安七子之一。传世作品不多。

汉

公元前206年—220年

后人辑有《应德琏集》。

文 高诱著成《淮南子注》（今与许慎注相杂），又有《战国策注》（今残）。

219 汉 建安二十四年

人 医学家张仲景约卒于本年。他总结前人医疗经验，提出辨证施治的若干原则，对中国传统医学发展具有重大贡献。其著作辗转流散，后人整理成《伤寒论》和《金匮要略》两书。

人 蜀汉名将关羽被东吴军擒杀。

山西运城常平关羽故里碑

东汉末年

科 书法家左伯改进造纸方法，使所造之纸辉光精美，时称“左伯纸”。

史 东汉后期已流行樗蒲、格五、六博、意钱、弹棋等博戏，汉魏以后愈盛。

黑漆朱绘博戏用具

宗 东汉末有道士左慈，字元放，庐江人。以炼丹术授徒，传授《太清丹经》等。

史 东汉末年，炼丹术家魏伯阳著成《周易参同契》，用《周易》爻象论述作丹之意，为道教丹鼎派奠定了理论基础。

文 乐府民歌在两汉文学史上有重要的地位，并对以后诗歌的发展产生深远影响。汉魏之间流传的长篇叙事诗《孔雀东南飞》更是其中的杰出作品，后世无论诗歌、小说、戏剧等文学作品，都从中吸取了思想艺术营养。

220 魏 黄初元年

人 曹操卒。曹操善用兵，统一北方。其诗歌亦有成就，为建安文学之代表。今人编其遗著有《曹操集》。

曹操像

史 曹丕采纳尚书陈群建议，实行九品官人法，各郡置中正官品评人物，人分九等，以选人任官。

文 曹丕命王象等将经传依类编辑，合 40 余部，名曰《皇览》（已佚），此为中国类书之始。

人 思想家仲长统卒。著有《昌言》，强调“人事为本”，对谶纬迷信给予批判。

三国 220年—280年	年份	纪年		内容
	221	魏 黄初二年	史	魏封孔子后裔为宗圣侯，修造孔子旧庙。
			文	魏书法家邯郸淳补修熹平石经。数年后卒。撰有《笑林》，为中国最早的笑话书。原书已佚，今存20余则。
	224	魏 黄初五年	教	魏置太学，定五经课试之法。置《春秋穀梁传》博士。
	225	吴 黄武四年	史	扶南（今柬埔寨）使臣至吴，赠以琉璃等物。
	226	魏 黄初七年	人	魏文帝曹丕卒。曹丕是曹操次子。为建安文学代表人物之一，其《燕歌行》是文人七言诗中的优秀之作。又著《典论》（今有辑本），是中国文学批评的重要著作。
			史	吴交州刺史吕岱遣康泰、朱应出使扶南等国。归来后，泰著《吴时外国传》、应著《扶南异物志》（均佚）。此为今所知古代最早的外国行记。以后又互遣使臣往来。
	229	魏 太和三年	史	魏诏刑律用郑玄章句，置律博士。又命陈群等删减汉法，制定新律百八十余篇。
	230	魏 太和四年	文	魏诏郎吏学通一经，并经课试通过者，方得授职。
			人	魏书法家钟繇卒。其书法兼善各体，尤工隶、楷。与晋王羲之并称“钟王”。其真迹不传，有晋唐摹本。
		吴 黄龙二年	史	吴命卫温、诸葛直率甲士万人浮海至夷洲（台湾古称）。
	231	蜀汉 建兴九年	史	蜀诸葛亮出祁山攻魏，以木牛流马运粮。木牛流马为独轮车一类轻便运货车。
	232	魏 太和六年	文	魏博士张揖著《广雅》，以增广《尔雅》所未备，故名，对研究古代词语与训诂学有重要价值。
			人	魏诗人曹植卒。曹植是建安文学杰出代表。其诗多五言，对五言诗的发展颇有影响。并善辞赋。宋人辑有《曹子建集》。

《洛神赋图卷》中的曹植

234 蜀汉 建兴十二年 人 诸葛亮卒。诸葛亮是杰出政治家、军事家，帮助刘备建立蜀汉，确立三国鼎立之势。后人辑有《诸葛亮集》。

235 魏 青龙三年 科 魏机械制造家马钧创制翻车（龙骨水车）、改造丝绫机等，提高生产效率数倍。又发明用于攻城的轮转式发石机及指南车、水转百戏等。时人称为“天下之名巧”。

翻车汲水图

237 魏 景初元年 科 魏颁行由杨伟所修《景初历》，一直沿用至南朝宋时。提出了推算日食食分和亏起方位的方法。

238 魏 景初二年 史 倭（日本古称）女王卑弥呼遣使来魏，互赠礼物。魏封卑弥呼为“亲魏倭王”。以后又互遣使臣往来。

三国 220年—280年

三国 220年—280年

241 魏 正始二年 艺 魏以古文、小篆、汉隶三种字体刊刻石经，称三体石经，亦称正始石经。似只刻了《尚书》、《春秋》及部分《左传》。碑原立于洛阳太学西侧，已毁。宋以后常有残碑出土。

正始石经拓本（局部）

244 吴 赤乌七年 人 吴道士葛玄卒。曾从左慈学道，受太清、九鼎等《丹经》。于阁皂山修炼。道教尊为葛仙翁。

245 魏 正始六年 人 魏学者刘劭约卒于本年。所著《人物志》对选拔人才问题做了论述。

247 吴 赤乌十年 宗 康居国僧人康僧会抵吴建业。在吴译注佛经《六度集》等，推动佛教在江南的发展。

249 魏 嘉平元年 人 魏玄学家何晏为司马懿所杀。何晏好老庄，宣扬儒家名教本于自然，与王弼等倡导玄学。著有《道德论》《论语集解》等。

人 魏玄学家王弼卒。王弼好谈儒道，宣扬“贵无”思想，与何晏等共开玄学清谈风气。著有《周易注》《老子注》等。

256 魏 甘露元年 人 魏经学家王肃卒。曾综合今、古文经学派，遍注群经，与郑玄立异。

三国 220年—280年

晋 265年—420年

258 吴 永安元年

教 吴置学官，立五经博士，令将吏子弟受业，每年课试。

263 魏 景元四年

人 思想家、文学家嵇康被司马昭所杀。嵇康擅长四言诗，为建安文学代表人物之一。并通乐理。有《嵇康集》。

人 思想家、文学家阮籍卒。阮籍长于五言诗，建安文学代表人物之一。明人辑有《阮步兵集》。

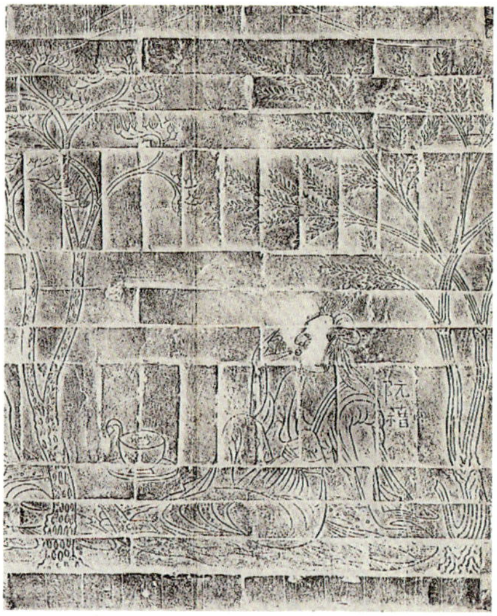

阮籍像

科 数学家刘徽注《九章算术》，其中提出许多创见，如用割圆术计算圆周率的设想、极限观念等。

264 魏 咸熙元年

史 魏司马昭使荀𫖮定礼仪、贾充正法律、裴秀议官制，郑冲总裁之。又建五等爵制。

265 晋 泰始元年

史 司马炎篡位称帝，国号晋。曹魏亡。

科 数学家赵爽注《周髀算经》，并著《勾股圆方图注》。

267 晋 泰始三年

史 晋改封孔子后裔宗圣侯为奉圣亭侯。

270 晋 泰始六年

人 史学家谯周卒。著有《蜀本纪》等，已佚。又有《古史考》，搜集古籍以补《史记》所载先秦史事之缺，具有参考价值，今有辑本。

271 晋 泰始七年

人 地图学家裴秀卒。裴秀字季彦，河东闻喜人。所绘地图均佚。今存其《禹贡地域图序》，提出制图诸原则，对后世影响深远。

272 晋 泰始八年

人 思想家向秀卒。向秀是竹林七贤之一，主张“名教即自然”，调和儒道之间的矛盾。擅诗赋，以《思旧赋》最著名。

向秀像

273 吴 凤凰二年

人 吴学者韦曜被杀。著有《汉书音义》等。吴帝宴会，常强迫群臣饮酒，曜则以茶代酒，可见当时饮茶已为常事。

276 吴 天玺元年

艺 吴立《天发神谶碑》（又名《吴天玺纪功碑》）。吴末帝为应“天命归吴”谶语而刻此石。字用隶书笔法作篆体，方整雄强，俗称鸡爪篆。碑毁于清嘉庆时，今存拓本。

晋 咸宁二年

教 晋置太学。又立国子学，以贵胄子弟教之。

278 晋 咸宁四年

文 晋立《大晋龙兴皇帝三临辟雍碑》，以记晋武帝三临辟雍及皇太子再莅辟雍之盛德。此碑于1931年在河南偃师县东大郊村发现，为现存晋碑最大、最完好的一座。

人 哲学家、文学家傅玄卒。傅玄字休奕，北地泥阳人。才学广博，认为自然界即由气的运动而形成。又精通音律，擅长乐府诗。著有《傅子》，今存辑本。

279 晋 咸宁五年

史 晋汲郡人不准盗掘战国魏襄王（或言魏安釐王）墓，得竹简书籍数十车，包括《竹书纪年》《穆天子传》等。

晋 265年—420年

280	晋 太康元年	史	晋军渡江攻克建业，吴亡，三国时期结束。晋得吴民五十余万户。1996年考古学家于湖南长沙走马楼发掘东吴简册十余万枚，大多为吴时户籍簿录、官府文书等，对了解孙吴的社会经济、职官制度、文书形制及社会生活等都具有重要价值。
282	晋 太康三年	人	医学家皇甫谧卒。他总结了晋以前针灸学成就，撰成《针灸甲乙经》，为现存最早的针灸学专著。又著有《帝王世纪》等。
284	晋 太康五年	人	刘毅上疏批评九品中正制有“八损”，建议废除。晋武帝未采纳。
		人	经学家杜预卒。撰有《春秋左氏经传集解》，是今所见《左传》最早的批注。
287	晋 太康八年	人	文学家李密卒。以所撰《陈情表》而著称。
289	晋 太康十年	人	学者荀勖卒。他曾与张华依《别录》整理典籍。将典籍按经、子、史、集四类编为甲、乙、丙、丁四部，开创了古代图书的四部分类法。
297	晋 元康七年	人	史学家陈寿卒。晋灭吴后，陈寿收集三国时官私著作，著成《三国志》。书以三国并列，亦属创例。

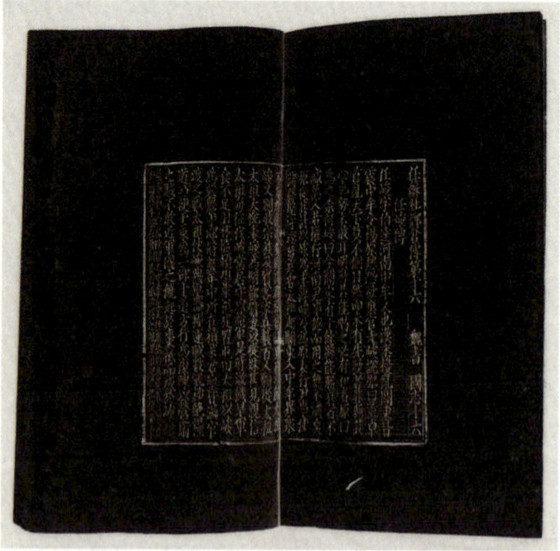

宋刻本《三国志》

300	晋 永康元年	人	文学家张华卒。著有《博物志》，记载异境奇物、神仙方术等。其中关于西北地区石油、天然气的记载

晋 265年—420年

颇有资料价值。今存辑本。

人 思想家裴頠卒。他认为无不能生有，撰《崇有论》以驳何晏、王弼之贵无论。

人 文学家潘岳被杀。他以诗赋见长，与陆机齐名，但文辞华靡。其《悼亡诗》较有名。

人 女文学家左棻卒。左棻是左思之妹，善作文，今存其诗、赋、颂、耒等 20 余篇，大都为应诏之作。

303 晋 太安二年 人 文学家陆机、陆云被杀。陆机善用骈俪排偶，对六朝骈文颇有影响。陆云，文才与兄齐名，时称“二陆”。

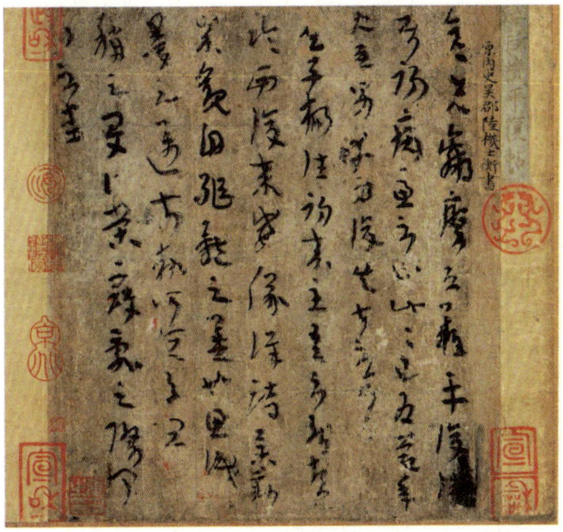

陆机《平复帖》（局部）

305 晋 永兴二年 人 文学家左思约卒于本年。左思以其《三都赋》得名，时人竞相传抄，洛阳为之纸贵。其《咏史》诗成就更大。后人辑有《左太冲集》。

306 晋 光熙元年 宗 道士王浮与僧人辩论，借东汉传闻“或言老子入夷狄为浮屠”一语写成《老子化胡经》，谓老子西游天竺教化胡人，改名释迦牟尼，以此扬道贬佛。原书已佚。近世于敦煌发现残卷本。

人 植物学家嵇含卒。嵇含著有《南方草木状》，记载中国南方及越南的植被情况，为现存最早的地方植物学文献。

晋 265年—420年		
		人 史学家司马彪约卒于本年。司马彪所著《续汉书》记述东汉史事，今仅存其中的志。北宋以后，因范晔《后汉书》无志，遂将两书配合刊印。
310	晋 永嘉四年	人 文学家张载约卒于本年。张载与弟协、亢俱以文学著名，时称“三张”。其诗颇重辞藻修饰。明人有辑集。
311	晋 永嘉五年	人 文学家潘尼约卒于本年。与叔潘岳以文学齐名，时称“两潘”。其诗注重辞藻修饰，多应酬赠答之作。后人有辑集。
312	晋 永嘉六年	人 思想家郭象卒。郭象好老庄，善清淡。曾将向秀《庄子注》述而广之，另成一书。否定无能生有，对当时的“贵无”思想予以批驳。
317	晋 建武元年	史 司马睿在建康称晋王，次年正式称帝，史称东晋。
		文 东晋豫章内史梅赜献伪《古文尚书》及伪《尚书孔氏传》，并立于学官。
318	晋 太兴元年	教 晋以世遭离乱，对州郡所举秀才、孝廉不试而用，以慰人心。本年诏令所举秀孝须试经策。
		教 石勒于襄国四门增置宣文、宣教、崇儒等十余所小学，简将佐豪右子弟百余人入学。
		人 道士范长生卒。范长生以天师道首领居青城山。后曾为成汉丞相。
320	前赵 光初三年	教 匈奴人刘曜所建前赵于本年在国都长安立太学和小学，选百姓青少年千余人入学。
321	晋 太兴四年	教 晋封慕容廆为辽东公。廆建东庠学舍，令世子皝与诸生同学经籍，廆亦常往听讲。
322	晋 永昌元年	人 晋学者王廙卒。王廙博才能文，又擅音乐、射御、博弈、杂技等。著有《中兴赋》。
		人 史学家、文学家干宝于晋元帝时领修国史。著《晋纪》，今仅存《总论》。又撰《搜神记》，多记神灵怪异故事，为当时著名的志怪小说。

324 晋 太宁二年 人 晋文学家郭璞被杀。郭璞博学，好古文奇字，著有《尔雅注》《尔雅音》《尔雅图》等。明人辑有《郭弘农集》。

325 晋 太宁三年 文 目录学家李充时任大著作郎，因典籍混乱，遂在西晋荀勖分类基础上，分作经、史、子、诗赋四部加以整理。中国图书目录以经、史、子、集分部，实始于此。

326 后赵 石勒八年 教 后赵确定九流，始立秀才、孝廉试经之制。

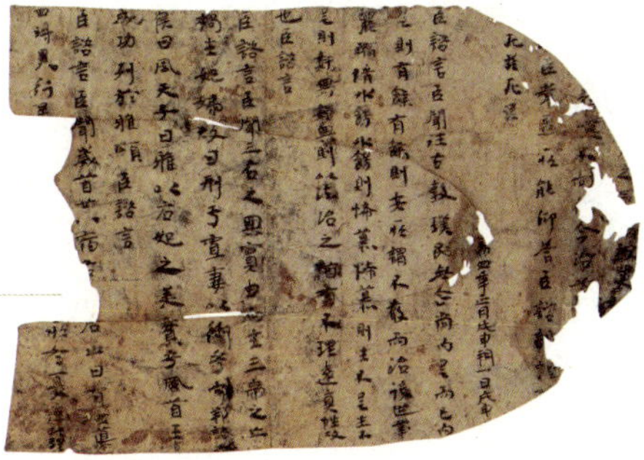

选拔秀才对策文（局部）

330 晋 咸和五年 科 晋天文学家虞喜约于本年发现“岁差”，为中国天文史上重要发现。岁差即指地球自转轴方向每年出现变化。

332 后赵 建平三年 教 后赵命郡国立学官，各置博士祭酒二人，弟子一百五十人。

335 后赵 建武元年 宗 后赵石勒礼敬佛图澄，广建寺庙，许百姓出家，佛教大为盛行。佛图澄，西域人，西晋时来中国。

337 晋 咸康三年 教 晋立太学，征召学生，欲振兴儒术，然老庄之学仍盛传于世。

338 成汉 汉兴元年 史 成汉铸造“汉兴”钱，为中国最早的以年号命名的钱。

339 后赵 建武五年 教 后赵令郡国立五经博士，并置国子博士、助教。

345 前燕 慕容皝十二年 教 前燕慕容皝赐大臣子弟为官学生，号高门生。又立东庠于旧宫，以行乡饮之礼。亲撰《太上章》以代《急就章》。

347 晋 永和三年 文 史学家常璩撰《华阳国志》，记巴蜀历史。常璩，字道将，蜀郡江原人。

361 前秦 甘露三年 教 前秦广建学宫，召郡国通经学生及公卿子孙入学受业。苻坚亲临太学考第学生经义。

363 晋 兴宁元年 史 罗马使者经西域抵建康，东晋亦遣使报聘。

鎏金银瓶

364 晋 兴宁二年 人 道教理论家、医学家、炼丹术家葛洪卒。葛洪著有《抱朴子》，讲神仙方术、炼丹术等。所著《金匮药方》中提到天花，为世界最早的有关天花的记载。

366 前秦 建元二年 宗 前秦僧人乐于敦煌凿窟、镌造佛像，为莫高窟开凿之始。

敦煌莫高窟内景

372 前秦 建元八年 宗 前秦遣使及僧人送佛像、佛经至高句丽。佛教从此传入朝鲜半岛。

374 晋 宁康二年 人 道士许逊卒。宋朝时封许逊为真君，世称许真君或许旌阳。

375 前秦 建元十一年 史 前秦诏令尊孔崇儒，禁老庄、图谶之学。

376 晋 太元元年 人 学者袁宏卒。他因不满当时已出的几种《后汉书》，遂著《后汉纪》。又著有《竹林名士传》《东征赋》等。

379 晋 太元四年 人 晋书法家王羲之卒。王羲之工书法，尤擅正、行，字势强雄多变，世誉为“书圣”。真迹无存，有唐人摹帖传世。

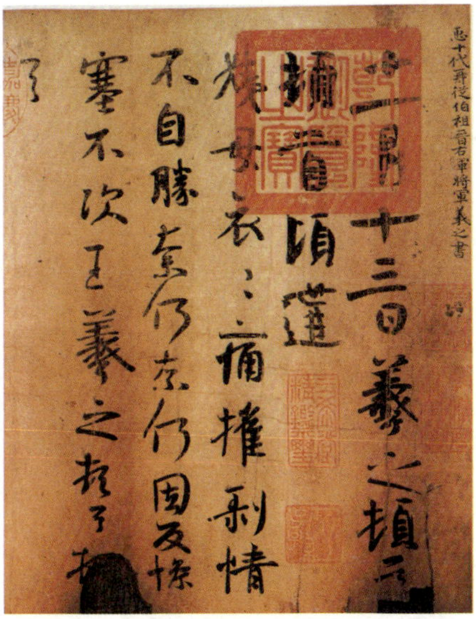

王羲之《姨母帖卷》（局部）

380 前秦 建元十六年 文 前秦女诗人苏蕙作《璇玑图》（又称《回文旋图诗》），题诗二百余首，首尾诵读皆成章句。此为所见最早回文诗。

384 前秦 建元二十年 人 前秦史学家习凿齿卒。著有《汉晋春秋》，记述东汉至西晋末历史，而对三国时期则以蜀汉为正统。今有辑本。

385 晋 太元十年 人 僧道安卒。他所编成的《综理众经目录》，为最早的汉译佛经目录。

386 晋 太元十一年 人 晋书法家王献之卒。王献之擅行、草，与父王羲之齐名。世存墨迹有行书《鸭头丸帖》等。

388 晋 太元十三年 文 晋秘书郎徐广校秘阁所藏典籍达 3600 卷。

390 后秦 建初五年 人 方士王嘉约于此时被后秦姚苌所杀。王嘉著有《拾遗记》，记自上古至东晋各代异闻，为六朝志怪小说代表之一。

晋 265年—420年

396 晋 太元二十一年 人 晋学者、艺术家戴逵卒。戴逵善绘画雕塑，曾为建康瓦棺寺塑五世佛，与顾恺之的壁画《维摩诘像》、狮子国所送玉佛被世人并称为“三绝”。

401 晋 隆安五年 人 晋经学家范宁卒。范宁撰《春秋穀梁传集解》，为今存《穀梁传》的最早注本。

402 晋 元兴元年 宗 白莲社立。时名僧多聚庐山。慧远于庐山东林寺宣扬弥陀净土法门，又掘池植白莲，称“白莲社”，参加者百余人。后世净土宗奉慧远为初祖。

顾恺之《女史箴图》局部（摹本）

405 晋 义熙元年 艺《爨宝子碑》立于本年。碑在今云南曲靖，清乾隆年间出土。碑文字体在隶楷之间，可作为汉字书体演变之实物资料。

413 后秦 弘始十五年 人 佛经翻译家鸠摩罗什卒。他致力于佛经翻译，推动了印度大乘佛教经典在中国流传。

419 晋 元熙元年 文 晋学者陆翙著《邺中记》，记后赵石勒、石虎事。今存辑本。

文 晋学者吕忱依《说文解字》部首撰《字林》一书，以增补《说文解字》所未备者。今存辑本。

文 晋学者张湛作《列子注》，序中自称于亲戚家得《列子》多篇，参校有无，始得全备。因此或以为今本《列子》可能为其伪托编撰。

422 宋 永初三年 人 著名高僧法显约卒于本年。法显西行求法至古印度，并著《佛国记》，记述旅途见闻，为研究南亚次大陆古代史地的重要资料。

425 北魏 始光二年 文 北魏因篆隶草楷书传写失真，初造新字千余颁行。可见北魏通行汉字，非鲜卑字。

427 宋 元嘉四年 人 著名诗人陶渊明卒。其诗文语言质朴自然，不事雕琢，对后世诗歌影响深远。今有《陶渊明集》。

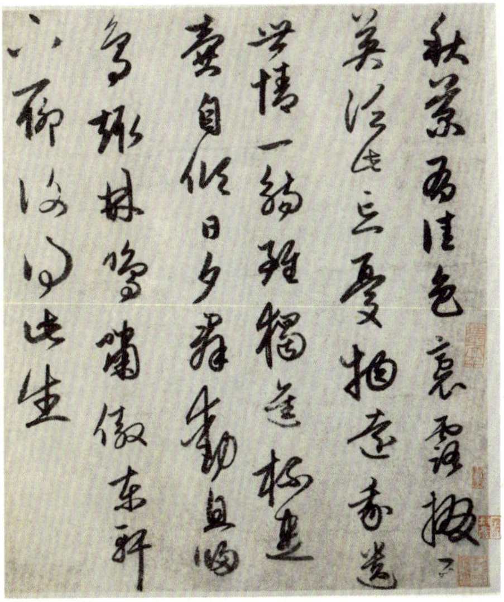

赵孟頫书
陶渊明《饮酒》诗
（局部）

433 宋 元嘉十年 人 诗人谢灵运被杀。谢灵运善于在诗中描绘山水风光，开创山水诗派。曾整理朝廷秘阁藏书，撰《四部书目》，已佚。

438 宋 元嘉十五年 文 征学者雷次宗至建康，开馆讲授儒家经学，又使何尚之立玄学，何承天立史学，谢元立文学，共置四学。

443 宋 元嘉二十年 人 画家宗炳卒。宗炳著《画山水序》，提出“畅神”之说，发展了中国绘画理论。

444 宋 元嘉二十一年 人 文学家刘义庆卒。他曾撰《世说新语》，记述晋代士大夫之言行逸事，对后世笔记小说亦有深远影响。

445 宋 元嘉二十二年 人 史学家范晔被杀。范晔参考各家有关东汉史籍，撰成《后汉书》。

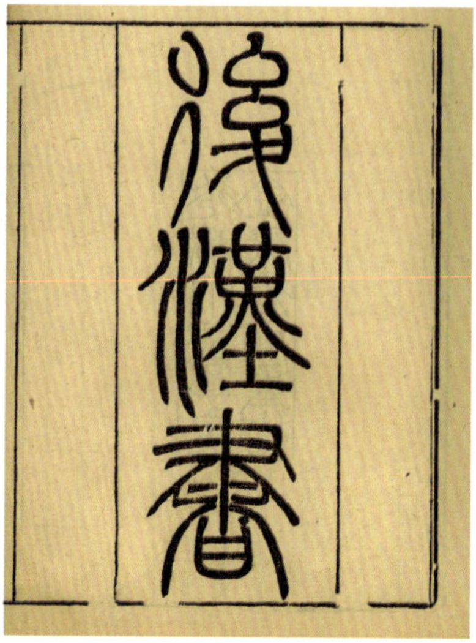

《后汉书》

南北朝 420年—589年

446 北魏 太平真君七年 宗 北魏太武帝诏令诸州禁佛教、坑杀僧人、毁寺塔、焚经像。此为历史上三武（北魏太武帝、北周武帝、唐武宗）一宗（后周世宗）灭佛之始。

447 宋 元嘉二十四年 人 天文学家何承天卒。著《报应问》《达性论》，批驳佛教的神不灭论和因果报应思想。

448 北魏 太平真君九年 人 北魏道士寇谦之卒。寇谦之曾在平城（北魏国都）建立天师道场，制定乐章、诵戒新法。

451 宋 元嘉二十八年 人 史学家裴松之卒。他曾为《三国志》作注，此举保存大量史料，开创了作注新例。

452 北魏 兴安元年 宗 北魏文成帝恢复佛教，准许各地建佛寺，并许平民出家为僧。

460 北魏 和平元年 艺 云冈石窟约开凿于本年。现存洞窟 50 多个，造像 5 万余尊。

云冈石窟释迦牟尼坐像

463	宋 大明七年	科	历算家祖冲之撰成《大明历》上奏朝廷。该历已考虑岁差等，比以前诸历更为准确。因遭人反对，祖冲之遂撰《历议》一文驳之。40余年后方才实行。
466	北魏 天安元年	教	北魏始于地方设学校，郡设博士、助教等。
		人	宋文学家鲍照为乱兵所杀。其诗继承汉乐府传统，又擅七言歌行，对唐朝李白等诗人颇有影响。有《鲍参军集》。
467	宋 泰始三年	宗	庐山道士陆修静至建康，广收道经进行整理，定为经戒、方药、符图等千余卷，分为三洞，奠定了《道藏》基础。又撰《三洞经书目录》，为古代最早的道藏目录。
470	宋 泰始六年	教	宋以国子学废，遂置总明观，设祭酒主持，有道、儒、文、史四科，各置学士10人。
473	宋 元徽元年	文	目录学家王俭校勘秘阁藏书，依刘歆《七略》例，撰《七志》，另附道经、佛经二类。又撰《元徽四部书目》，均佚。
479	齐 建元元年	医	药物学家雷敩撰《雷公炮炙论》，记述17种制药方法，有的至今沿用。今有辑本。
486	北魏 太和十年	教	魏建明堂、辟雍。改中书学为国子学。
487	齐 永明五年	文	齐竟陵王萧子良约于本年开西邸，召集文人聚会写作。其中有沈约、谢朓等八人，号称“竟陵八友”，其诗皆注重声律，遵守四声八病之说，追求格律对仗之体，世称“永明体”。
488	齐 永明六年	人	史学家臧荣绪卒。臧荣绪所撰《晋书》110卷，为第一部总括两晋史事之书。唐修《晋书》即以此为主要依据。今有辑本。
489	齐 永明七年	宗	思想家范缜以其无神论思想在西邸与萧子显辩论因果报应问题。众僧难之而不能屈。退而著《神灭论》。
494	北魏 太和十八年	艺	龙门石窟（今河南洛阳南）约开凿于本年，延续至唐

代。现存龛窟两千余，造像九万余尊。凿于北魏时期的古阳洞有魏碑名作《龙门二十品》等。

龙门石窟佛教造像

495 北魏 太和十九年 史 北魏孝文帝亲祀孔子庙，封孔子后裔为崇圣侯。又禁止在朝廷讲鲜卑语。

498 齐 永泰元年 文 文学理论家刘勰撰成文论巨著《文心雕龙》，全面总结前代文学现象，系统阐述文学批评理论。

499 北魏 太和二十三年 人 魏孝文帝卒。在位期间推行汉化政策，促进了北方各民族的融合。

人 诗人谢朓卒。谢朓长于五言诗，为“永明体”代表作家之一。与谢灵运并称“大小谢”。

人 历算家祖冲之卒。祖冲之曾撰《大明历》。推算圆周率值比欧洲人早 1000 多年。

501 齐 中兴元年 人 文学家孔稚圭卒。他以著作《北山移文》著称。

502 齐 中兴二年 医 南朝医学家龚庆宣著《刘涓子鬼遗方》，为现存最早的外科专著。其中有用水银医治皮肤病的记载，为世界最早。

505 梁 天监四年 史 诏令年未满三十而不通一经者，不准任官。又以任昉为秘书监，校定秘阁藏书。

人 文学家江淹卒。传说江淹少时才思敏捷，及晚年少有

		佳句，遂有“江郎才尽”之成语。
		宗 梁武帝命王公显贵及僧正等66人撰文75篇，反驳范缜《神灭论》。缜仍不为所屈。
508	梁 天监七年	人 文学家任昉卒。任昉以能为表、奏、书、启诸体文章擅名。
513	梁 天监十二年	人 学者沈约卒。他曾据何承天、徐爰诸家的宋史旧本撰成《宋书》。又创“四声八病”说，推动了律诗的发展。
516	北魏 熙平元年	宗 北魏胡太后令按平城永宁寺原样在洛阳重建新寺。寺建成后成为洛阳最大佛寺，极为壮丽奢靡。时洛阳佛寺多达1300余所。
518	梁 天监十七年	人 僧祐卒。他以精通佛律著称。编著有《出三藏记集》(亦称《僧祐集》)、《弘明集》。
		人 文学批评家钟嵘约卒于本年。著有《诗品》，是古代第一部论诗专著。
519	梁 天监十八年	人 南朝画家张僧繇约卒于本年。他吸收天竺画法，有立体感。并善雕塑。后人把他和唐朝的吴道子并称为“疏体”画家。
520	北魏 正光元年	宗 北魏孝明帝召集僧尼道士于殿前辩论佛道先后。其中从道士姜斌与僧昙谟最二人之间的辩论最为激烈。斌终议诎，以惑众罪流徙。
		史 西亚嚈哒人遣使至梁建康，献波斯锦。
		人 文学家吴均卒。其文以写景见长，时称吴均体。
522	梁 普通三年	文 梁文学家萧统（昭明太子）召集文学人士编成《文选》（又称《昭明文选》），选录自先秦至梁的诗文辞赋，分类编排，为现存最早的诗文选集。
523	梁 普通四年	文 学者阮孝绪撰成《七录》，博采宋齐以来公私图书，吸取前人目录学成就编纂而成。后成为《隋书·经籍志》的依据。
527	北魏 孝昌三年	人 北魏学者郦道元被杀。他所撰《水经注》是中国最早

的综合性水文地理著作。

529 梁 中大通元年 宗 梁武帝在同泰寺设四部无遮大会，为四部大众（僧、尼、善男、善女）讲《涅槃经》；并再次舍身，群臣筹钱为梁武帝赎身。

人 北魏经学家徐遵明卒。徐遵明是当时北方经学代表人物。

530 梁 中大通二年 人 学者裴子野卒。他撰有《宋略》《众僧传》等，俱亡佚。曾著《雕虫论》，对追求藻饰的诗赋给予了批评。

534 北魏 永熙三年 史 北魏分裂为东魏、西魏。

536 梁 大同二年 人 道教理论家、医学家陶弘景卒。他曾整理《神农本草经》，对药物学的发展做出贡献。

537 梁 大同三年 人 史学家萧子显卒。萧子显据齐所修国史，撰成《齐书》，即今之《南齐书》。

538 梁 大同四年 宗 梁武帝在同泰寺设盂兰盆斋。盂兰盆斋本为佛教徒超度历代宗亲之法会，此后渐为汉地风俗，每年农历七月十五日民间亦办盂兰盆会超度先祖，谓之鬼节。

盂兰盆会

543 梁 大同九年 文 学者顾野王撰成《玉篇》，仿《说文》体例，首部稍有增异，先注反切，再引群书训诂，解说颇详。原本只存残卷，今本系经唐、宋人增字重修。

544 东魏 武定二年 科 东魏农学家贾思勰撰成《齐民要术》，总结了汉魏以来北方农业生产经验，是现存最早的农书。

545 西魏 大统十一年 文 西魏欲改自晋以来文章浮华之风，遂命苏绰作《大诰》，令百官皆依此文体作文。

南北朝 420年—589年

545	梁 大同十一年	人	梁经学家皇侃卒。皇侃为南方经学代表人物。著有《论语义疏》。
547	梁 太清元年	宗	梁武帝在同泰寺设无遮法会。会上奏法乐。法乐约于晋时传入中国，有印度及西域音乐特色。后与汉地音乐结合，改以中国清商乐为主调。
		文	东魏文学家杨衒之经北魏旧都洛阳，见先时王公耗巨资所建佛寺已大半被毁，因撰《洛阳伽蓝记》，记述佛寺园林之盛衰兴废。
550	北齐 天保元年	史	东魏政权被推翻，北齐建立。
		科	东魏北齐间有冶金家綦毋怀文，所用炼钢之法与现代平炉炼钢法相似。又掌握了给刀淬火的方法，使刀锋利，体现了当时的冶炼、淬火技术水平。
		教	北齐诏郡国修立官学，国子学生须研习《礼》经。
554	梁 承圣三年	史	西魏破江陵，梁元帝令将所藏图书 14 万卷全部烧毁。
564	北周 保定四年	艺	北周攻北齐。齐兰陵王高长恭勇武而貌美，为使敌畏惧，常戴面具出战。长恭大破北周军后，齐人仿其击刺、指挥姿态，编成乐舞《兰陵王入阵曲》。此乐舞至唐朝时称“代面”或“大面”。
568	北齐 天统四年	宗	北齐骠骑大将军唐邕在北响堂山开凿石窟，镌刻《维摩经》等佛经四部，历时四年刻成，遂开启在石上镌刻佛经之风。山东泰山经石峪有摩崖刻《金刚经》，字大径尺，传亦为北齐王子春、唐邕等人所书。
569	陈 太建元年	人	佛经翻译家真谛卒。他主要从事大乘佛经的翻译工作，对大乘佛学在中国的传布做出贡献。
570	北齐 武平元年	科	北齐天文学家张子信发现太阳视运动的不均匀性以及关于日食发生的一些规律。
572	北齐 武平三年	人	北齐史学家魏收卒，他曾撰《魏书》。
574	北周 建德三年	宗	北周武帝废佛、道二教。毁经、像，令沙门、道士还

俗。并置通道观，选名僧、道士前往学习《老子》《庄子》《周易》等。

579 北周 大象元年 史 北周宣帝传位于静帝，自称天元皇帝，并召集群臣及其妻眷，大列伎乐，初作乞寒胡戏。此戏原出东罗马帝国，至此经西域龟兹传入内地。

敦煌壁画中的龟兹乐队

580 北周 大象二年 宗 北周静帝年幼，贵戚杨坚总揽国政。命恢复佛、道二教，原沙门、道士精诚自守者可再入教门。

文 北周朝廷召集文学人士王褒、宗懔等80余人刊校经史。又博采众书，编成《世谱》500卷。

人 恐早于此年，未入北周已卒。

581 隋 开皇元年 史 颁布《开皇律》12篇，该律由高颖、裴政等修订，改刑名为死、流、徒、杖、笞五种，又明定“十恶”大罪。后世多沿用。

人 文学家庾信卒。庾信擅诗赋、骈文。早年风格艳丽，晚年转为苍劲悲凉，《哀江南赋》是其名作。后人辑有《庾子山集》。

宗 隋文帝敕令民间依户口出钱，建立佛教经像，从此民间的佛经多于六艺之书。

583 隋 开皇三年 史 朝廷批准牛弘建议，广泛购求天下遗书：凡献书一卷，奖绢一匹。

人 文学家徐陵卒。徐陵是宫体诗重要作家，与庾信齐名，世称“徐庾”。其诗与骈文崇尚轻靡绮艳，后人辑有《徐孝穆集》，另编有《玉台新咏》。

586 隋 开皇六年 宗 立《龙藏寺碑》。碑额题“恒州刺史鄂国公为国劝造龙藏寺碑”。碑文记述统治者利用佛教广募钱财，建造佛寺的情况。碑文书法遒丽宽博，上承南北朝之余风，下启初唐诸家先河。碑在今河北正定隆兴寺。

隆兴寺（原名龙藏寺）全景

587 隋 开皇七年 史 开凿山阳渎以沟通江、淮漕运。北起山阳县，经射阳湖，南入长江。后成为大运河江淮段。

史 诏令诸州每年贡士 3 人。

589 隋 开皇九年 史 隋灭南朝最后一个王朝陈，统一全国。

人 南朝思想家朱世卿约卒于本年。强调“万法万性皆自然之理”，反对神创造世界之说，批驳了佛教鼓吹的因果报应说。

592 隋 开皇十二年 宗 高僧智𫖮建玉泉寺于当阳，因梦见关羽父子愿皈依佛门，遂为关羽授五戒，奉为护院伽蓝神。从此，关羽与佛教联系在一起。

594 隋 开皇十四年 人 南朝陈文学家江总卒。江总官至尚书令，世称“江令”，善作艳诗。原有集，已散佚，明人辑有《江令君集》。

597 隋 开皇十七年 宗 隋佛教学者费长房撰成《历代三宝纪》15卷，又名《开皇三宝录》，收入净、律、论2116部。

600 隋 开皇二十年 史 自本年开始，日本先后共4次（607、608、614年）派出遣隋使来中国，名义上是来求学佛法，实际上是全面学习汉文化。

603 隋 仁寿三年 教 诏以“志行修谨，清平干济”二科举士。以后炀帝时又增设十余科，这些都为以后科举制度的产生创造了条件。

604 隋 仁寿四年 人 陈后主卒。他在位时生活奢靡，善作艳词，明人辑有《陈后主集》。

605 隋 大业元年 科 隋炀帝发河南二淮诸郡百万余人自洛阳开渠至淮河，名通济渠，成为以后大运河的重要河段。

607 隋 大业三年 教 诏用十科举人，以策试文才评定优劣。

608 隋 大业四年 史 封孔子后裔为绍圣侯。

科 发河北百万余人自涿郡开永济渠，南达于黄河。自此，洛阳至涿郡可通水路。

609 隋 大业五年 人 诗人薛道衡被炀帝所杀。

610 隋 大业六年 科 征民开河，自京口至余杭八百余里。至此，大运河北自涿郡南到余杭，全部连通。大运河沟通了海河、黄河、淮河、长江、钱塘江五大水系，是世界上最古老和最长的运河。

瓜州古运河渡口遗址

隋 581年—618年

医 医学家、太医博士巢元方主持编辑《诸病源候论》，其中列述各种病症、病因，对后世具有重要影响。

人 隋经学家、天文学家刘焯卒。刘焯精通天文，编成《皇极历》，未能实行。曾创立新法计算日月视运动速度。

611 隋 大业七年 史 王薄作《无向辽东浪死歌》，在山东起义反隋。

615 隋 大业十一年 史《隋书》载，此时在大兴安岭地区的室韦族人已“骑木而行”，即掌握了滑雪技能。

文 隋秘书郎虞世南于大业年间编成《北堂书钞》。该书摘录群书名言佳句，以供写作诗文所采用，分类编排，共60卷，为现存最早的类书。

建 隋炀帝大业年间，工匠李春在今河北赵县建成永济桥（俗称赵州桥），桥拱肩上加拱，造型奇巧，在世界桥梁史上属首创。

赵州桥

唐 618年—907年

618 唐 武德元年 史 三月，隋炀帝被宇文化及所杀，隋亡。五月，李渊登基称帝，建国号唐，定都长安。

史 唐高祖诏令废隋律令，命裴寂等重修新律。

教 命立国子学、太学、四门学，统辖于国子监，召皇族子孙及官员子弟入学习读。又命各郡县亦设官学。

619 唐 武德二年 教 命国子学立周公、孔子庙，按时行祭。

621 唐 武德四年 教 命诸州学士及早有明经及秀才、俊士、进士身份之人，至本县考试，再由州长官复审，取其合格者，每年十月随物入贡。

史 始用“开元通宝”钱。“开元通宝”四字由书法家欧阳询撰写，文回环可读。每十钱重一两，“钱”从此为重量单位。

“开元通宝”钱

宗 李世民因少林寺武僧相助平定王世充，封僧昙宗等为大将军，并发布《秦王告少林寺主教书》。

622 唐 武德五年

教 诸州进贡明经、秀才、俊士、进士等 218 人。由吏部考试，取中 5 人，授予官职；余皆赐绢 5 匹令归。

史 宋遵贵等奉命将洛阳图书沿黄河运往长安，船于砥柱沉没。

624 唐 武德七年

史 依魏晋以来旧制，每州置大中正一人，无品秩，以本州门望高者充任，品评人物等第。不久即废除九品中正制度，实行以自愿报名为基本特征的科举考试制度。

文 欧阳询等编撰成《艺文类聚》100 卷，征引古籍 1400 余种，隋以前典籍遗文，传今甚少，赖此书有所保存。

625 唐 武德八年

宗 诏定三教次序为：道教第一，儒家第二，佛教第三。

人 小说家王度约卒于本年。王度被传为《古镜记》撰者，与无名氏所作《补江总白猿传》为唐代传奇文学先驱。

626 唐 武德九年

史 玄武门之变爆发。高祖传位于秦王李世民，即唐太宗，翌年改年号“贞观”。张蕴古上《大宝箴》曰：“圣人受命，拯溺亨屯，故以一人治天下，不以天下奉一人。”太宗赐以束帛。

唐 618年—907年

628 唐 贞观二年 教 国子学撤周公祠，以孔子为先圣，颜回为先师。又增设书学。

629 唐 贞观三年 宗 玄奘启程西行，赴天竺求佛法（一说627年）。

玄奘取经壁画

630 唐 贞观四年 史 唐军击败东突厥，颉利可汗被俘。降唐各族君长共推唐太宗为“天可汗”。从此，自阴山到大漠都被归入唐朝统治之下。

人 经学家、文字学家陆德明卒。其所撰《经典释文》是研究唐以前文字、音韵以及经籍版本的重要资料。

631 唐 贞观五年 史 日本第一次派来的遣唐使到达唐朝。

632 唐 贞观六年 艺《九成宫醴泉铭碑》立。魏徵撰文，欧阳询书。书法圆润刚劲，为书法史上名碑。

634 唐 贞观八年 建 长安大明宫（初名永安宫）始建。此宫东西长1.5公里，南北长2.5公里，规模壮丽宏伟。遗址在今陕西西安北。

大明宫鎏金铺首

史 吐蕃赞普朗日论赞首次与唐朝建立联系。此后，中原医学、历算及生产技术开始传入西藏。

635 唐 贞观九年 宗 景教教士阿罗本自波斯来中国，唐太宗准其在长安建寺传教。景教系西方基督教的聂斯脱利派。唐朝称其寺为波斯寺或大秦寺。

大秦寺塔

637 唐 贞观十一年 史 朝廷颁行房玄龄等所定律令及《贞观新礼》。

人 史学家姚思廉卒。据其家传稿本，主修成《梁书》《陈书》。

638 唐 贞观十二年 人 书法家、学者虞世南卒。与欧阳询、褚遂良、薛稷为唐初四大书法家。

639 唐 贞观十三年 艺 裴孝源约于此年成《贞观公私画史》，为现存最早的中国画著录书。

人 僧静琬卒。静琬在今北京房山云居寺发愤刻石经30余年，死后，至明朝历代均有人续刻。总数约15000块经版，为宗教史、书法史重要实物资料。

640 唐 贞观十四年 文 孔颖达等奉命撰成《五经正义》共180卷。融南北经学家之见解，宣扬儒家以礼治国的专制思想，其中也兼取佛道二家之说，为唐科举取士必读的范本。

史 高昌马乳葡萄始在长安栽种，同时葡萄酒生产法也传入内地。

641 唐 贞观十五年 史 文成公主入藏与吐蕃赞普松赞干布完婚，汉之风俗习惯等亦随之传入。吐蕃从此改服饰，革赭面旧习。后又遣子弟入国学，习《诗》《书》，并请唐人掌其表疏。

文成公主像

松赞干布像

唐 618年—907年

人 书法家欧阳询约于本年卒。他与虞世南、褚遂良、薛稷为唐初四大书法家。其字世称“欧体”。

642 唐 贞观十六年 宗 玄奘在印度那烂陀寺学法并为众僧讲《唯识抉择论》。沟通大乘各派的分歧。又用梵文著《会宗论》和《制恶见论》。

宗 本年，天竺戒日王在曲女城设大会，集五天竺沙门、婆罗门、外道等道俗上万人，请玄奘法师为论主，任听各方破驳，经18天会终，竟无一人能驳难，一时轰动。大乘尊玄奘为“大乘天”，小乘尊其为“解脱天”。

643 唐 贞观十七年 人 政治家、史学家魏徵卒。他曾屡谏太宗须以隋亡为鉴。其言论见于《贞观政要》，有《魏郑公集》。

645 唐 贞观十九年 科 李淳风著成《乙巳占》。本书是世界气象史上较早的专著，它最早提出了关于风力定级的十级标准。

宗 玄奘自印度回国，带回大小乘经律论共657部及若干佛像、舍利等，数十万人于长安迎接。

646 唐 贞观二十年 艺 太宗因起兵反隋，曾在晋祠祈祷，至本年立碑报享，并亲自撰文，即《晋祠铭》，以行草入碑始于此，此碑现存山西太原晋祠。

648 唐 贞观二十二年 文 由房玄龄等三人监修成《晋书》，令狐德棻等十八人参修。

人 政治家、史学家房玄龄卒。房玄龄善文辞及书法，曾监修国史及《晋书》。

649 唐 贞观二十三年 人 太宗李世民卒。在位时政绩卓著。

艺 贞观年间有琵琶名手裴神符，又名洛儿、路儿，为唐代宫廷乐师，西域疏勒人。革新琵琶演奏技术，最早废木拨而创手指弹奏法。又擅作曲，有《火凤》《倾杯乐》等。

650 唐 永徽元年 人 吐蕃赞普松赞干布卒。葬于木惹山，以后历代赞普均葬于此，称藏王墓。

651 唐 永徽二年 史 颁行长孙无忌等所定新律、令、格、式。唐代法律基本定型。

652 唐 永徽三年 宗 为贮藏玄奘自印度取回的经像，兴建慈恩寺大雁塔。现塔高约60米，今存7层。历代屡加修缮。塔两侧嵌褚遂良书《雁塔圣教序碑》，为著名古迹。

大雁塔

653 唐 永徽四年 史《律疏》（即今《唐律疏议》）修成并颁行。由长孙无忌等所修，共30卷，为中国现存最典型完整的古法典。对周边国家如日本、朝鲜等都有影响。

唐 618年—907年

《唐律疏议》残卷（局部）

656 唐 显庆元年

文 长孙无忌进史官所撰《五代（梁、陈、周、齐、隋）史志》30卷（即《隋书》十志）。其中《经籍志》正式确立经、史、子、集分类法，成为中国古典目录学中沿用至清朝的图书分类法。

658 唐 显庆三年

人 书法家、政治家褚遂良卒（或说卒于次年）。他是唐初四大书法家之一。传世书迹有《伊阙佛龛碑》《雁塔圣教序》等。

659 唐 显庆四年

医 苏敬等撰成《新修本草》（一名《唐本草》），另附《药图》及《图经》，共收药物844种，较前代增加114种。为中国第一部由政府修订的药典。创立药物自然来源的分类方法，并绘有中国最早的药物图谱，对此后中药学发展影响很大。

文 史学家李延寿所修《南史》《北史》成，高宗亲为作序。

人 政治家、法学家长孙无忌卒。曾参修《贞观律》《永徽律》，主编《律疏》。因反对高宗立武则天为后，被放逐于黔州，自缢死。

661 唐 龙朔元年

史 时斗鸡成风，盛行于王公贵族间。王勃因戏作《檄周王鸡文》。

664 唐 麟德元年

人 诗人，政治家上官仪卒。他归纳六朝以来诗歌中的对仗方法，提出“六对”“八对”之说，对于律诗的形成较有影响。

人 三藏法师玄奘卒。曾创立法相唯识宗，其《大唐西域记》一书为研究中西亚交通史的重要著作。

666 唐 乾封元年 宗 唐高宗封赠老子为“太上玄元皇帝”，设立祠堂。此后，道教场所可称“宫”。

670 唐 咸亨元年 人 数学家、天文学家李淳风卒。他曾主持修订《麟德历》、校注《算经十书》等，并编撰了《晋书》《五代史志》中的天文、律历、五行诸志。

672 唐 咸亨三年 艺 弘福寺僧怀仁集晋王羲之行书刊刻石上，成《圣教序》、《圣教序记》及玄奘所译《心经》。相传王羲之的行书字迹，大都从此碑临摹。碑今在陕西西安碑林。

673 唐 咸亨四年 人 画家阎立本卒。他擅画人物，并取法张僧繇，笔力圆劲雄浑，所画《秦府十八学士图》《凌烟阁功臣图》等称誉当时。画有《历代帝王》《步辇图》《职贡》等图。

《步辇图》（局部）

675 唐 上元二年 艺 洛阳龙门大卢舍那佛像雕成，为龙门石窟规模最为宏伟的露天大佛龛，佛身通座高达 17 米多，为唐代造像艺术的代表作。相传，佛像是依照武则天相貌而雕。

人 文学家王勃卒（一作 676 年卒）。王勃与杨炯、卢照邻、骆宾王并称“初唐四杰”。其诗风格清新，文章

唐 618年—907年

名作有《滕王阁序》等。明人辑有《王子安集》。

龙门石窟卢舍那佛像

679 唐 调露元年 人 文学家张鷟考中进士。撰有传奇《游仙窟》，为中国第一部恋爱小说。

681 唐 开耀元年 教 诏令明经、明法、明算等科以帖试，十帖中六以上者得取。

682 唐 永淳元年 人 医学家孙思邈卒。著有《千金要方》《千金翼方》等，倡立脏、腑病分类新系统，首列妇、儿科。后人尊为“药王”。

684 唐 嗣圣元年 史 九月，武则天亲政，徐敬业兴兵讨伐。文学家骆宾王作《为徐敬业讨武曌檄》。徐敬业败，骆宾王亦被杀。

687 唐 垂拱三年 史 寿阳刺史纳妾何媚（亦称紫姑），传为刺史正妻曹氏所嫉，正月十五日夜，被推入厕所淹死。被神仙怜悯，命为厕神，每逢是日扶乩迎之，举行祀神仪式。

689 唐 永昌元年 人 学者李善卒。李善以讲《文选》为主，世号“文选学”。

教 武则天在洛城殿主持科举省试，亲自策问诸举人。此举与后世的省试后另举行殿试不同。

693 武周 长寿二年 人 诗人杨炯约卒于本年。他是“初唐四杰”之一。擅作五律，尤擅边塞诗，气势雄浑。明人辑有《杨盈川集》。

702 武周 长安二年 人 诗人陈子昂被诬入狱，忧愤而死。唐代诗歌革新的先驱。诗风崇尚汉魏风骨，反对柔靡之风，风格高昂清峻，所作《感遇》等诗较为著名。有《陈伯玉集》。

史 武则天时，每逢花朝（农历二月十五日为百花生日）即命采百花蒸饼以赐臣下。

706 唐 神龙二年 史 唐高宗与武则天合葬于乾陵。陵园甬路排列近百件大型石人、石兽等石刻，与陪葬的永泰公主、懿德太子及章怀太子墓中壁画等，均为唐代艺术珍品。

懿德太子墓内的壁画

709 唐 景龙三年 建 小雁塔在本年建成于长安大荐福寺内。原塔高15层，因地震震裂，现存13层，塔身造型优美，为唐代著名建筑。因小于慈恩寺大雁塔，故名小雁塔。

712 唐 太极元年 人 诗人宋之问卒。其诗格体完整，文辞华靡，对律诗定型颇有影响。明人辑有《宋之问集》。

713 唐 开元元年 人 诗人、文学家李峤卒。诗文俱佳，诗多咏物之作，名重当世。与苏味道、崔融、杜审言合称“文章四友”。

唐 618年—907年

明人辑有《李峤集》。

人 禅宗六祖、南宗开创者慧能卒。弟子记其言行，称为《六祖坛经》。

人 书画家薛稷卒。与欧阳询、虞世南、褚遂良并称唐初四大书法家。擅长书法，亦工绘画，尤以画鹤称绝。作有《信行禅师碑》等书迹。

714 唐 开元二年

艺 玄宗在梨园亲自教练乐工数百人，称“皇帝梨园子弟”。设左右教坊、音乐博士等以教俗乐。后世遂称戏曲界或戏班为梨园，称戏曲演员为梨园子弟。

人 诗人沈佺期卒。其诗多应制之作，格律严谨精密，对于律诗的定型很有影响。与宋之问并称“沈宋”。明人辑有《沈佺期集》。

716 唐 开元四年

人 画家李思训卒。擅长书画，尤以“金碧山水”画自成一家。明画家董其昌推其为“北宗”之祖。

717 唐 开元五年

艺 著名舞蹈艺人公孙大娘于郾城舞剑，其技绝妙，舞姿神奇。书法家张旭曾于邺县观她舞剑。

史 日本留学生吉备真备、阿倍仲麻吕（汉名朝衡或晁衡）随遣唐使来中国。

日本遣唐使出发地点

718 唐 开元六年

文 吕延济、刘良、张铣、吕向、李周翰五人合注《昭明文选》，称为《五臣注》，着重于解释词句。此本不及李善注本精善，宋时合刊两本，称之为《六臣

			注文选》。
721	唐 开元九年	人	史学家刘知幾卒。所著《史通》是中国第一部史学评论专著，体现其史学思想。
		人	政治家、学者姚崇卒。历任武则天、睿宗、玄宗宰相。
724	唐 开元十二年	科	太史监南宫说据僧一行之说，于河南等地实测子午线。测知地上南北相差351里80步（129.2公里），乃世界上第一次实测子午线。
725	唐 开元十三年	科	天文仪器制造家梁令瓒与僧一行等合作制成水力运转的“浑天铜仪”，并附有自动报时装置。
727	唐 开元十五年	人	文学家苏颋卒，曾袭封许国公。当时和张说（封燕国公）并称为“燕许大手笔”。后人辑有《苏颋集》。
		人	天文学家僧一行卒。精通历法天文，曾主修《大衍历》等，并推算出相当于子午线纬度的长度。
729	唐 开元十七年	人	学者徐坚卒。曾主编类书《初学记》，采取群经、诸子、历代诗赋及唐初作品，使许多古代典籍的零篇单句得以保存。
		宗	僧智升编成佛教经录名著《开元释教录》20卷，为后来大藏经编目所遵循。
732	唐 开元二十年	史	玄宗命将寒食节扫墓编入五礼，永为定规。清明节祭祖扫墓之俗或起于此。
733	唐 开元二十一年	宗	道士张果被玄宗迎至洛阳，授银青光禄大夫，赐号“通玄先生”。恳辞还山，未几卒。为道教八仙之一张果老的原型。
736	唐 开元二十四年	文	张守节《史记正义》撰成，为《史记》三家注之一。
		教	科举考试原由吏部员外郎主持，本年改为由礼部侍郎主持，后世遂相沿。
739	唐 开元二十七年	史	追谥孔子为文宣王。
740	唐 开元二十八年	人	诗人、政治家张九龄卒。官至相位，为政贤明，敢

于直谏。工诗善文，名重当时。有《曲江张先生文集》。

人 诗人孟浩然卒。诗与王维齐名，称为“王孟”。其诗风格疏淡，多描述田园山水，有《孟浩然集》。

741 唐 开元二十九年 教 令两京及诸州立玄元皇帝庙和崇玄学（后改称崇玄馆），置生徒，学《老子》《庄子》《文子》《列子》，可应试“道举”科考试。

742 唐 天宝元年 文 李白入长安，供职翰林供奉，作《清平乐》等。时与贺知章、张旭等七人常饮醉于市肆，时称“酒中八仙”。

太白醉酒玉雕

742 唐 天宝元年 人 诗人王之涣卒。以描写边塞风光著称。《凉州词》《登鹳雀楼》最为有名。

宗 封庄子为南华真人。此后，《庄子》又称《南华经》。

744 唐 天宝三载 人 诗人贺知章卒。诗多写景之作，较清新通俗，《回乡偶书》为其代表作。

史 李白与杜甫在洛阳相识。

746 唐 天宝五载 人 诗人祖咏卒。河南洛阳人。以山水诗闻名，多宣扬隐逸生活。

752 唐 天宝十一载 艺 岑勋撰文，颜真卿书的《多宝塔感应碑》立。书法雄伟浑厚。碑今存陕西西安碑林。

教 颁布科举考试的新录取规定。如：考试进士，先帖试以大经（指《礼记》《左传》）及《尔雅》；再试文、赋各一篇；又试策五条。三试皆通过者，可进士及第。

雁塔进士题名帖（局部）

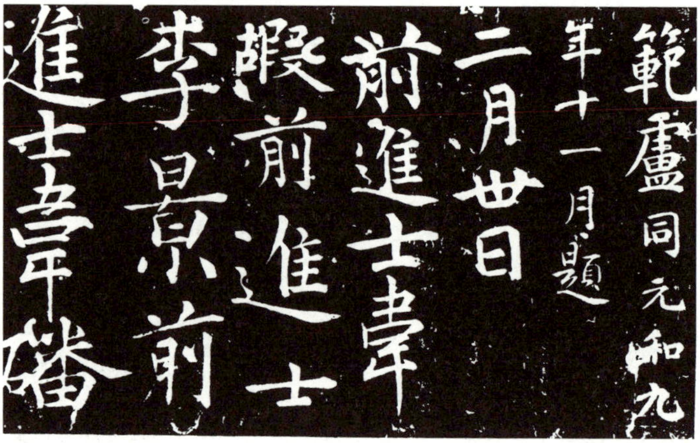

唐

618年—907年

754　唐 天宝十三载　人 诗人崔颢卒。代表作为《黄鹤楼》。明人辑有《崔颢集》。

755　唐 天宝十四载　史 安禄山、史思明在范阳起兵叛乱，安史之乱爆发。

756　唐 至德元载　人 诗人王昌龄避乱还乡，途中为亳州刺史闾丘晓所杀。擅作七绝，多写当时边塞军旅生活，气势雄浑，情调高昂。以《从军行》7首及《出塞》2首闻名于世。明人辑有《王昌龄集》。

人 杨贵妃在随玄宗逃奔途中，在马嵬驿被缢死。

758　唐 乾元元年　人 著名画家吴道子约卒于本年。擅画佛道人物，创“吴装”，对后世绘画及雕塑深具影响。有“画圣”美誉。

759　唐 乾元二年　人 画家、诗人王维卒（一作761年卒）。以山水田园诗为主，又擅画平远之景，后人以为“文人画”创始者。明董其昌推他为“南宗”之祖。

762　唐 宝应元年　人 诗人李白卒。李白是自屈原以来浪漫主义诗歌的新高峰。与杜甫并称“李杜”，时称“诗仙”，对后世影响极大。有《李太白集》。

艺 崔令钦约于肃宗末年撰成《教坊记》。记述开元时教坊制度、逸闻及乐曲的内容或起源，并录324个曲名，是研究唐代音乐、舞蹈、戏曲、杂技等的重要史料。

763 唐 广德元年 人 律宗高僧鉴真卒于日本。753 年第六次东渡到达日本九州岛，翌年在奈良东大寺建戒坛，传布律宗，并将中国的建筑、雕塑、医药学等传到日本。有《鉴真上人秘方》。

日本鉴真纪念堂

765 唐 永泰元年 人 诗人高适卒。其诗与岑参齐名，风格相近，并称“高岑”。《燕歌行》为其代表作。有《高常侍集》。

770 唐 大历五年 人 诗人杜甫卒。古代现实主义诗歌的典范。被称为“诗圣”。与李白同为唐代诗歌创作的顶峰。有《杜工部集》。

人 诗人岑参卒。长于七言歌行，所作多描绘塞上风光和战争环境。有《岑嘉州诗集》。

人 日本诗人阿倍仲麻吕卒于长安。他是奈良时代的遣唐留学生。在唐做官约 50 年，与王维、李白常有诗歌酬唱。

779 唐 大历十四年 人 诗人张继约卒于本年。《枫桥夜泊》为传世名著。有《张祠部诗集》。

782 唐 建中三年 建 山西五台山南禅寺大殿重修，是中国现存最早的木构建筑物。殿内 17 尊塑像及佛座、石塔、石狮等均为唐代艺术珍品。

唐

618年—907年

五台山佛光寺大殿内塑像

784 唐 兴元元年 人 书法家、学者颜真卿为叛臣李希烈所杀。创“颜体”，对后世书法影响甚大。

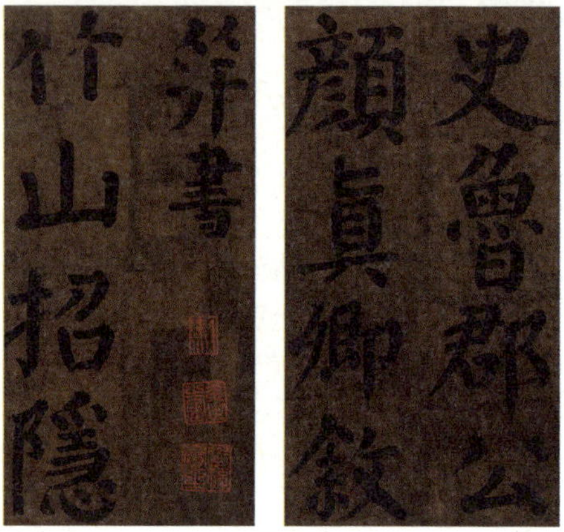

颜真卿《楷书竹山堂连句》（局部）

787 唐 贞元三年 人 画家韩滉卒。善画人物及农村风俗景物，尤擅画牛、羊、驴等，有《文苑图》《五牛图》等画作。

799 唐 贞元十五年 人 诗人卢纶卒。为“大历十才子”之一。诗多为酬答送别之作，也有反映军士生活者。《塞下曲》较著名。明人辑有《卢纶集》。

801 唐 贞元十七年 文 史学家杜佑以30年时间撰成《通典》，凡9门，200卷。是中国第一部专门记述典章制度的通史，为“政书”体开创性巨著。

803 唐 贞元十九年 艺 四川乐山弥勒大佛经90年凿刻终于完成，上覆重楼13层，大佛身高71米，头高14.7米，雍容华贵，气魄雄伟，是世界上现存最大的石刻佛像。

804 唐 贞元二十年 人 学者陆羽卒。著有《茶经》，为世界上首部关于茶叶及饮茶的专著。后民间尊为“茶神”。

唐 618年—907年

810	唐 元和五年	人 诗人、学者张志和约本年卒。所作《渔歌子》为文人词先声。
813	唐 元和八年	人 术士李虚中卒。后世推为星命家之祖。世传《李虚中命书》，署名“鬼谷子撰，虚中注”。
814	唐 元和九年	人 诗人孟郊卒。长于五言古诗，与贾岛齐名，有“郊寒岛瘦”之称。有《孟东野诗集》。
816	唐 元和十一年	人 诗人李贺卒。其诗想象浪漫，意境奇峭瑰丽，具有积极浪漫主义精神，在中唐诗坛上独树一帜。有《唱谷集》。
819	唐 元和十四年	人 文学家、思想家柳宗元卒。与韩愈倡导古文运动，并称“韩柳”，同被列入“唐宋八大家”。有《河东先生集》。
		文 德宗、宪宗时，传奇小说作家蒋防作《霍小玉传》，陈鸿作《长恨歌传》。防字子征，义兴人，翰林学士，善赋及散文。鸿字大亮，长于史学，另有传奇《东城父老传》。
824	唐 长庆四年	人 文学家、思想家韩愈卒。以复兴儒学和古文为己任，是当时思想界领袖。唐宋八大家之首。有《昌黎先生集》。
826	唐 宝历二年	人 文学家白行简卒。他是白居易的弟弟，善辞赋，所作传奇小说《李娃传》《三梦记》尤为著名。
830	唐 大和四年	人 诗人张籍约本年卒。张籍擅长乐府，与王建齐名，时称“张王”或“张王乐府”。有《张司业集》。
831	唐 大和五年	人 诗人元稹卒。其诗与白居易齐名，世称“元白”。他们开创的诗风为“元和体”。所作传奇《莺莺传》（即《会真记》）后为《西厢记》故事之本。有《元氏长庆集》。
832	唐 大和六年	人 女诗人薛涛约本年卒。创制深红小彩笺写诗，人称“薛涛笺”。
842	唐 会昌二年	人 文学家、哲学家刘禹锡卒。其重要哲学著作《天论》

提出“天人交相胜”“还相用”的观点。其诗富有通俗清新的民歌特色，《竹枝词》等较为著名。有《刘梦得文集》。

843 唐 会昌三年 人 诗人贾岛卒。诗风与孟郊相近，时称“郊寒岛瘦”。有《长江集》。

845 唐 会昌五年 宗 武宗恶佛教，诏令废毁天下佛寺 4000 余所，归俗僧尼 26 万余人，收良田数千万顷。两京只留佛寺数所，而各地节度使治所只能各留一所。此次对佛教的打击迫害也波及袄教、景教、摩尼教等。

846 唐 会昌六年 人 诗人白居易卒。语言通俗易懂，名作有《长恨歌》《琵琶行》《新乐府》等。有《白氏长庆集》。

852 唐 大中六年 人 文学家、诗人杜牧卒。擅七绝诗，清俊透爽，其文《阿房宫赋》最负盛名。有《樊川文集》。

857 唐 大中十一年 人 诗人李商隐卒。擅长律、绝。亦工四六骈文。有《李义山诗集》《樊南文集》等。

865 唐 咸通六年 人 书法家柳公权卒。工书法，正楷最知名，世称“柳体”。与颜真卿有“颜筋柳骨”之称。

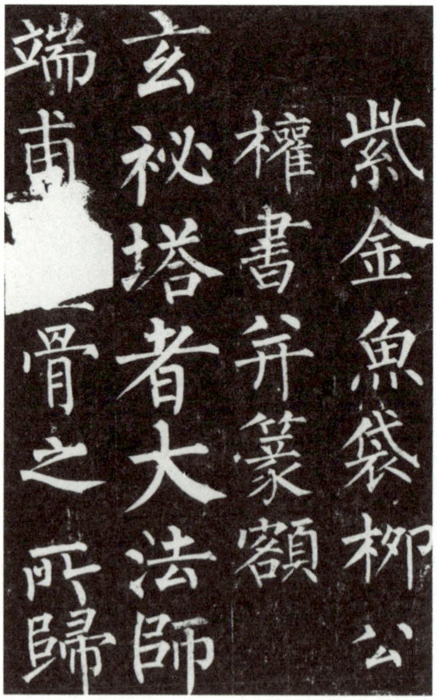

柳公权《玄秘塔碑》拓片（局部）

866 唐 咸通七年 人 诗人温庭筠卒。文人词大家，对唐末五代香奁体与花间派有较大影响。在唐词人中现存词最多，有 60 余首。

868 唐 咸通九年 宗 《金刚经》于本年由王玠木刻印成，卷 4.877 米，

唐 618年—907年

高244毫米，卷首有释迦说法图。图文并茂，浑厚质朴，刻工精美，是目前世界上有年代可考的最早的雕版印刷品，于20世纪初在敦煌莫高窟藏经洞发现。

881 唐 中和元年 人 文学家陆龟蒙约本年卒。与皮日休齐名，人称“皮陆”。其诗冷僻乖巧，开晚唐僻涩体。有《甫里先生文集》。

883 唐 中和三年 人 文学家皮日休卒于动乱。诗文与陆龟蒙齐名，人称“皮陆”。其诗继承新乐府传统，散文和辞赋多借古讽今，抒发感慨。有《皮子文薮》。

887 唐 光启三年 艺 唐末造墨名家奚鼐以善制佳墨而闻名遐迩，其墨有光气。后传技于其子超，制墨尤负盛名，遂成为当地制墨名家。

五代十国 907年—960年

908 后梁 开平二年 人 诗人、诗论家司空图卒。其《诗品》为中国古代文学理论名著，与皎然《诗式》同对后世诗论影响巨大。有《司空表圣文集》（即《一鸣集》）。

909 后梁 开平三年 人 文学家罗隐卒。其散文小品风格犀利，诗亦多激愤之作。有诗集《甲乙集》。

910 前蜀 武成三年 人 诗人、词人韦庄卒。仕前蜀。与温庭筠同为“花间派”重要词人，并称“温韦”。著有《浣花集》等。

912 前蜀 永平二年 人 诗人、画家、僧贯休卒。唐末入蜀，赐号“禅月大师”。所作水墨佛像，都是粗眉大眼，丰颊高鼻，称为“梵相”。兼善草书。有《十六罗汉图》。

914 后梁 乾化四年 人 诗人韩偓约本年卒。诗多写艳情，辞藻华丽，有“香奁体”之称。

916 后梁 贞明二年 宗 日本僧人慧锷建立浙江普陀山“不肯去观音院”，以为观音道场。

人 僧契此卒。号长汀子，明州奉化人。为人肥胖，常背一布袋化缘，形类疯癫。死后，人以为他即弥勒化身，遂依形塑成大肚弥勒造像。

史 耶律阿保机称帝，国号契丹，定都皇都。

壁画中的契丹人

920 辽 神册五年 文 耶律突吕不、耶律鲁不古等借用汉字笔画创制契丹文字，此为契丹大字。

921 辽 神册六年 史 耶律突吕不等制定《决狱法》，是契丹最早的成文法典。

932 后唐 长兴三年 文 宰相冯道命人在国子监内校订《九经》文字，并付刻工雕印，至后周时完成，后世称为“五代监本”。官府大规模刊刻儒家经典由此始。

933 后唐 长兴四年 艺 本年抄成现存最早的乐谱。此谱属《工尺谱》（系当时教坊通用的记谱符号）体系。

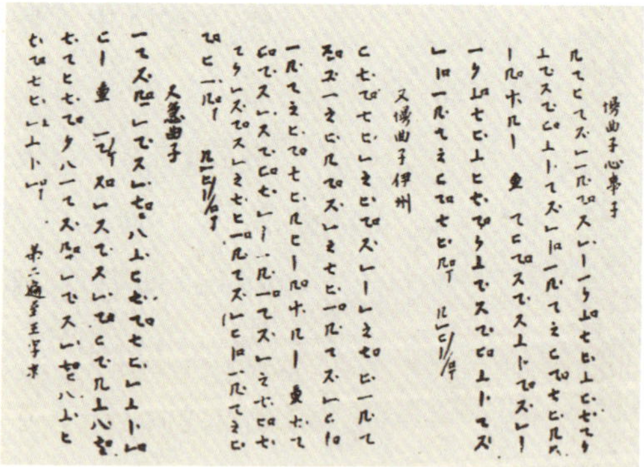

敦煌乐谱

940 后蜀 广政三年 文《花间集》10卷由后蜀赵崇祚编成，收有温庭筠、韦庄等18人所作500首词，以风格清秀婉约为特色，自成一派，对后世影响甚大。

教 南唐在白鹿洞建学馆，以李善道为馆主，教授诸生，置田供给。号称“庐山国学”。

944 后蜀 广政七年 文 为迎春节，后蜀主孟昶命众臣在桃符板上题对句，后

五代十国 907年—960年

辽夏金元 916年—1368年

宋 960年—1279年

世春联即从此始。

947 辽 大同元年 史 契丹改国号为辽。改皇都为上京。

953 后周 广顺三年 艺 山东工匠李云铸成沧州铁狮子，是中国现存最早最大的铁狮，造型雄伟，气势壮观，为铸造工艺之杰作。

教 后蜀毋昭裔出私财营建学馆，并刻印《九经》。此举有助于蜀地文化的发达。

955 后周 显德二年 宗 后周世宗令全国佛寺，除皇家敕建的外，一律废毁，并且禁度僧尼。

960 南唐 建隆元年 人 南唐词人冯延巳卒。今存词近百首，多写男女间离情别恨，对北宋晏殊、欧阳修等颇有影响。

961 南唐 建隆二年 人 词人、南唐中主李璟卒。工词，风格委婉，富有意境。后人将他及其子李煜的作品合刻为《南唐二主词》。

965 后蜀 广政二十八年 人 画家黄筌卒。仕前蜀、后蜀。擅画花鸟，形象丰满，勾画巧细，格调富丽，与江南花鸟画家徐熙并称“徐黄”。为北宋前期花鸟画的楷模。

黄筌《写生珍禽图卷》（局部）

967 宋 乾德五年 建 光孝寺东铁塔铸于本年，塔高6米多，上铸约千个佛龛，塔身贴金，造型生动，时称“涂金千佛塔”，与4年前铸成的西铁塔同为中国现存最古老的铁塔。光孝寺以慧能曾在此开辟佛教南宗而闻名。

人 画家李成卒。擅画山水，自然潇洒，墨法精细，好用淡墨，时称“惜墨如金”。和关仝、范宽为北方山水画三大家，以他成就最大。

李成《茂林远岫图卷》(局部)

宋 960年—1279年 辽夏金元 916年—1368年

971 宋 开宝四年 建 隆兴寺重建，俗称“正定大佛寺”，始建于隋开皇六年（586年），原名龙藏寺，宋代改名龙兴寺，清代改名隆兴寺。寺内大悲阁高33米，铜像通高22米，是中国现存最高的铜佛像。

人 后蜀词人欧阳炯卒。善吹长笛，工词，内容多写艳情，曾为《花间集》作序。

973 宋 开宝六年 教 宋太祖于讲武殿亲自复试举人，为科举省试后，再由皇帝亲自主持的殿试之始。

975 南唐 开宝八年 艺 顾闳中为南唐画院待诏。江南人，爱画人物。善于描绘人的神情，笔力圆劲，色彩秾丽。存世作品有《韩熙载夜宴图》。

976 宋 太平兴国元年 教 潭州知州朱洞创建岳麓书院。时著名书院尚有白鹿洞书院、应天府睢阳书院、嵩阳书院、石鼓书院、茅山书院等。

岳麓书院

978 宋 太平兴国三年 人 南唐后主李煜卒。善诗词书画，通音律。尤以词著称，后人将他与其父璟的作品合编为《南唐二主词》。

981 宋 太平兴国六年 人 宋史学家薛居正卒。开宝七年（974年），由他监修的《旧五代史》完成。

983 宋 太平兴国八年 文 宋太宗命李昉等编辑的《太平御览》成书，凡1000卷，分55门。引书浩博，约1690种。其中传记100余种，旧地方志200余种，均为现在不传之书，保存了五代以前许多文献。

文 小说总集《太平广记》成书于太平兴国年间，宋李昉等编辑，共500卷，另目录10卷，按性质分92大类。采录汉以来小说、笔记、稗史等475种，保存了大量古小说资料。

986 宋 雍熙三年 文 诗文总集《文苑英华》1000卷成书，由宋李昉等编成，辑录南朝梁末至唐代诗文，以续《文选》，保存了大量诗文。

990 宋 淳化元年 史 宋铸淳化元宝钱，自此改元必铸钱。

992 宋 淳化三年 艺 侍书学士王著奉太宗之命，编次秘阁所藏历代法书，摹刻制版，拓赐大臣，是为《淳化阁帖》，后世称为“法帖之祖”，古人书法多赖此以传。书法史上帖学始此。

医 王怀隐等编著成《太平圣惠方》100卷，广集汉唐以来医书及民间医疗经验，分类汇编而成。全书分1670门，录方1万余个，保存了汉代以来各方和古医书的内容，为重要的医方巨著。

人 文字学家徐铉卒。与弟徐锴号“大小二徐”。善诗文，精通文字学，曾与句中正等校订《说文解字》，并有所增补，世称“大徐本”。

993 宋 淳化四年 科 宋大型地图《淳化天下图》以绢百匹制成，是北宋编成的大规模的全国总舆图，由全国各地所贡400余幅地图综合绘制而成。

996 宋 至道二年 人 文学家李昉卒。曾参编《旧五代史》，同修《太祖实录》，主编《太平御览》《太平广记》《文苑英华》等书。

997 宋 至道三年 史 唐时已有八月十五日赏月的故事，至宋太宗时始定为中秋节。祭月、拜月、赏月等风俗逐渐盛行。

1001 宋 咸平四年 人 文学家王禹偁卒。反对宋初浮靡文风，提倡平易朴素，诗文畅达。

1004 宋 景德元年 史 咸平、景德中，出现檀香倚卓，卓即桌，以其卓然而高，可以凭倚而得名，或说桌子由此产生。椅子、杌子亦始见于宋初。

1007 宋 景德四年 史 江西昌南镇在景德年间烧瓷入供，因烧青瓷闻名全国，遂改名景德镇。

景德镇影青加彩观音像

宋 960年—1279年

辽夏金元 916年—1368年

人 文学家、地理学家乐史卒。编著地理书《太平寰宇记》200卷，是综合性的全国地理总志。

1008 宋 大中祥符元年 文 陈彭年、丘雍奉诏重修《切韵》，改名《大宋重修广韵》（简称《广韵》），为汉语音韵学的重要韵书。

1020 宋 天禧四年 人 文学家姚铉卒。北宋古文运动倡导者之一。编纂唐代诗文100卷，名《文粹》（今名《唐文粹》），为萧统《文选》之后又一重要总集。

1023 宋 天圣元年 史 交子始由官府发行。此为世界上政府最早发行的纸币。

人 宋政治家寇准卒。在订立澶渊之盟时起过较大作用。亦擅诗，有《寇忠愍公诗集》。

1027 宋 天圣五年 医 针灸学家王惟一受命铸针灸穴位模型铜人，共657穴。著《铜人腧穴针灸图经》，共记354个穴名。此书不仅刊刻颁行，且刻石保存，对宋代针灸学发展影响巨大。

王惟一所造针灸铜人

1037 辽 重熙六年 建 辽建华严寺，大雄宝殿气势雄浑，形制古朴，是现存辽、金时代最大的佛殿。

华严寺教藏殿内菩萨像

1038 西夏 天授礼法延祚元年

史 党项族李元昊在西北地区建西夏王朝。西夏尊崇佛教，也崇尚儒学，以科举取士，注重汲取中原文化。与辽、宋、金抗衡近200年。

文 西夏初建，即根据汉字偏旁，创制西夏文字，通行朝野，并以之翻译佛经及中原儒经等书籍。

西夏文雕版印佛经

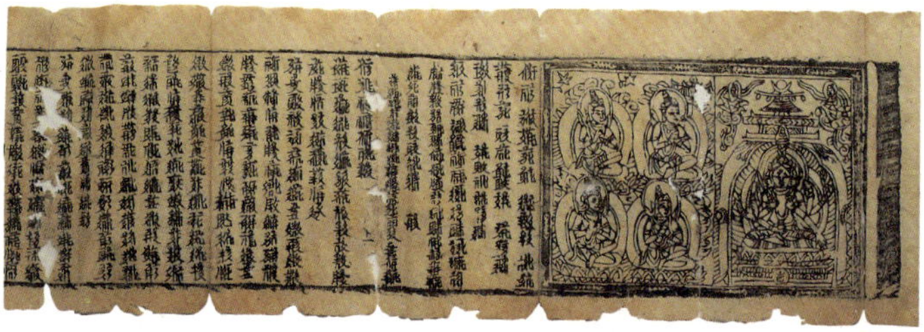

1048 宋 庆历八年

科 发明家毕昇在庆历年间发明泥活字，用来印刷书籍。活字印刷是印刷技术的重大革新。

1052 宋 皇祐四年

人 政治家、文学家范仲淹卒。曾力主改革。工诗词散文。所写《岳阳楼记》为后世传诵。有《范文正公集》。

1053 宋 皇祐五年

人 文字训诂学家丁度卒。刊修《广韵》为《集韵》，为文字训诂学与宋代语音学史重要著作。

人 词人柳永本年前后去世。景祐年间进士。为人放荡不羁，终生潦倒。其词多写羁旅之情、城市风光和歌伎生活，尤以创作慢词为多，明白通俗，风格委婉，流传极广。有《乐章集》。

1054 宋 至和元年

科 司天监首次观测并记录了天关星附近的超新星爆炸，对今天研究蟹状星云的产生具有重要价值。此事或以为在1056年。

1055 宋 至和二年

史 宋封孔子四十七世孙孔宗愿为衍圣公。衍圣公封号始此。

建 开元寺塔建成。亦称“瞭敌塔”“料敌塔”，在今河北定县城内，高84米，11层，为八角形，是中国现存最高的砖塔。

人 词人晏殊卒。擅长小令，语言清媚婉丽，为北宋婉约派的重要词人。

1056 辽 清宁二年 建 辽建“佛宫寺释迦塔”，后人称作“应县木塔”。通高67米多，是中国现存最早最高的全木结构塔。经历代地震，至今仍保存完好。

1057 宋 嘉祐二年 人 学者孙复卒。与胡瑗、石介并称“宋初三先生”，对北宋学术思想和教育有一定影响。

1059 宋 嘉祐四年 建 泉州万安桥（亦名洛阳桥）建成，计有47桥孔。为中国古代著名梁架式石桥，现尚保留部分桥面建筑。

万安桥遗迹

人 学者胡瑗卒。讲“明体达用”之学，开宋代理学之先声。与孙复、石介并称“宋初三先生”。

1060 宋 嘉祐五年 文 欧阳修等修成《唐书》（《新唐书》）。

人 文学家、诗人梅尧臣卒。与欧阳修同为北宋前期诗文革新运动领袖。

1061 宋 嘉祐六年 建 玉泉寺铁塔铸成。塔共13级，八面形，斗拱结构，高约18米，为中国现存最高铁塔。

人 文学家、史学家宋祁卒。与欧阳修同修《新唐书》。

1062 宋 嘉祐七年 人 政治家包拯卒。为官清正，执法严明，他的事迹被后人编为戏文小说广为流传。

包公祠内包公像

辽夏金元 916年—1368年

宋 960年—1279年

1066 宋 治平三年 人 文学家苏洵卒。唐宋八大家之一，与其子苏轼、苏辙合称“三苏”。著有《嘉祐集》。

1067 宋 治平四年 文 宋英宗去世。宋神宗即位，为司马光所编《历代君臣事迹》作序，并赐书名曰《资治通鉴》。

人 书法家、文学家、博物学家蔡襄卒。书法与苏轼、黄庭坚、米芾并称“宋四家”。

人 经学家、史学家刘敞卒。长于《春秋》学，摆脱传统局限，开宋儒批评汉儒先声。

1069 宋 熙宁二年 史 以王安石为参知政事，设制置三司条例司，王安石变法始。本年，均输法、青苗法、农田水利法等依次颁行。

1072 宋 熙宁五年 人 文学家、史学家欧阳修卒。北宋古文运动领袖，工诗词，文为唐宋八大家之一。著《集古录》，是中国最早研究石刻文字的专著，《六一诗话》是最早的诗话著作。有《欧阳文忠集》。

1073 宋 熙宁六年 人 思想家、哲学家周敦颐卒。他结合儒学与道家思想，提出“无极而太极”的宇宙构成论，主张圣人又依照太极建立“人极”，这是人伦道德的最高境界。后人

宋 960年—1279年

辽夏金元 916年—1368年

尊他为理学的开创者。

1076 宋 熙宁九年

医 宋京师设立太医局卖药所，调制出售各种熟药，后各地亦相继设立，并改称“和剂局”“惠民局”。有些州府还设养济院，收养一些患者。宋代除官办药局外，民间经营医药渐趋普遍。

1077 宋 熙宁十年

史 宋代驿站传讯分步递、马递、急脚递。急脚递唯用于紧急军情和政令，日行四百里。至熙宁中，创金牌急脚递，日行五百余里。

人 哲学家张载卒。主要观点认为“气”是充塞宇宙的实体，具有唯物主义思想。

1078 宋 元丰元年

科 从本年起近百年间，相继有《盘珠集》《走盘集》《通微集》《通杭集》四部珠算著作问世。珠算逐渐被普遍运用。

1079 宋 元丰二年

史 苏轼被御史中丞李定等弹劾作诗讥谤朝政、攻击新法，遂下狱，关押四月余，被牵连者有司马光、苏辙等二十二人。历史上称为“乌台诗案”（御史台别称乌台）。

苏轼像

人 宋画家、文学家文同卒。善诗文书画，擅画墨竹。以竹作为独立绘画题材，取得重大成就者首推文同。

文同《墨竹图卷》

1080 宋 元丰三年 史 苏轼贬官黄州，自号东坡，据说“东坡肉”即其在黄州时首创烹制而知名。

1083 宋 元丰六年 人 文学家曾巩卒。唐宋八大家之一。曾整理《战国策》《说苑》。著有《元丰类稿》。

1084 宋 元丰七年 文 《资治通鉴》由司马光等修成，凡294卷，记自周威烈王二十三年（前403年），迄后周世宗显德六年（959年），共1362年史事。为中国古代编年体通史的杰作。参加编修的著名学者有刘恕、刘攽、范祖禹等。

1085 宋 元丰八年 人 哲学家、教育家程颢卒。北宋理学的奠基人，他和弟程颐的主张后为朱熹所继承和发展，世称“程朱学派”。

1086 宋 元祐元年 人 政治家、文学家王安石卒。于神宗朝主持变法。唐宋八大家之一。

人 史学家、政治家司马光卒。反对王安石行新政。编纂《资治通鉴》。

1087 宋 元祐二年 史 宋于泉州置市舶司，为宋代对外贸易和交往的重要口岸。

祈风石刻

宋 960年—1279年

辽夏金元 916年—1368年

1095 宋 绍圣二年 人 科学家、政治家沈括卒。撰《梦溪笔谈》，在世界科技史上占有重要的地位。

1100 宋 元符三年 人 文学家、词人秦观卒。与黄庭坚、晁补之、张耒并称“苏（轼）门四学士”。善诗词，词属婉约派。

1101 宋 建中靖国元年 人 文学家、书画家苏轼卒。北宋一代文豪，与父苏洵、弟苏辙合称“三苏”。为唐宋八大家之一，词开豪放一派，书法为宋四家之一。

1104 宋 崇宁三年 艺 书法家米芾将所藏晋王羲之《王略帖》、王献之《十二月帖》、谢安《八月五日帖》在无为军（宋代地名）摹刻上石，此为《宝晋斋法帖》之始刻。

1105 宋 崇宁四年 人 文学家、书法家黄庭坚卒。工诗文，“苏门四学士”之一，为江西诗派创始人。善书法，与苏轼、米芾、蔡襄并称“宋四家”。

1106 宋 崇宁五年 人 画家李公麟卒。工人物，善白描，擅画佛道像，推为宋画第一，对后代人物画影响巨大。

李公麟（传）《维摩演教图卷》局部

1107 宋 大观元年 人 哲学家、教育家程颐卒。与兄颢俱学于周敦颐，并同为北宋重要理学家，世称“二程”。

人 书画家米芾卒。书法与蔡襄、苏轼、黄庭坚合称“宋四家”。画史上有“米家山”“米派”之称。

米芾《珊瑚帖》

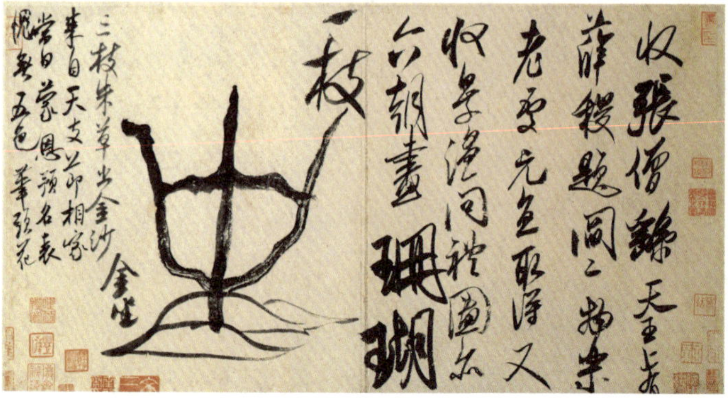

1108 宋 大观二年 史 宋追封三国时蜀将关羽为武安王，关羽封王始此。

1110 宋 大观四年 人 文学家晁补之卒。“苏门四学士”之一。

1112 宋 政和二年 人 文学家苏辙卒。与父苏洵、兄苏轼合称“三苏”。唐宋八大家之一。

1117 宋 政和七年 医 李似矩创成健身导引动作“八段锦”。系由导引、五禽戏基础上发展起来的气功保健操。南宋学者洪迈在其《夷坚志》中对此有所记述。

宗 宋于政和中雕版印行《万寿道藏》，至此，《道藏》始有印本，成为金元各藏的蓝本。

1119 宋 宣和元年 史 宋江约于本年或本年前起义。义军在山东、河北一带活动。民间广泛流传其起义事迹，成为民间艺人演唱的题材。元末明初，施耐庵据以写成长篇小说《水浒传》。

1123 宋 宣和五年 史 徐兢出使高丽，用指南针辨乘船方向，见所著《宣和奉使高丽图经》。另有朱彧《萍洲可谈》著于宣和年间，亦有指南针用于航海之记录。

人 文学家苏过卒。苏轼幼子，人称“小苏”“小坡”。

1124 宋 宣和六年 艺 著名画家张择端约于此时绘成《清明上河图》，该图描绘北宋都城开封的繁华景象，为宋代绘画珍品。该图展现出宋代城市经济的繁荣发达。图中可见已有算盘应用于商业贸易。

《清明上河图》中的酒肆

1127 宋 建炎元年

史 正月，金兵攻破开封。五月，康王赵构称帝，年号建炎。南宋开始。

宗 僧茅子元在淀山湖创白莲教，为佛教净土宗支派，提倡不杀、不盗、不淫、不妄语、不饮酒“五戒”，崇奉阿弥陀佛。又称白莲宗、白莲社、白莲会，信徒称为“白莲菜”。

史 正月，金兵攻破开封。

史 四月，金兵北撤，掳走徽、钦二帝，及后妃、宗室、官吏等和法物礼器、图籍文物、天文仪器、府库积蓄。

1129 宋 建炎三年

人 金石学家赵明诚卒。与妻李清照同好金石图书。仿欧阳修《集古录》，编成《金石录》，诠叙条理，考证精博，为金石学名著。

史 建炎年间，北方人口大量南迁，促进南方农业发展，在中国农业史上有重大的意义。时南方农作物由一年一熟过渡到一年二熟制。

1132 宋 绍兴二年

科 首次记录了火枪用于作战。宋将陈规精通军事工程，其守德安时，曾用“火枪”与金人作战，见所著《守城录》。

1133 宋 绍兴三年

科 杜绾撰成最早的岩矿知识专著《云林石谱》，载石品160种，各记产地、采法，品评高下等。

宋 960年—1279年

辽夏金元 916年—1368年

1134 宋 绍兴四年 文 女词人李清照著成《打马图序》。过去的长行、叶子、弹棋、樗蒲等博戏或已失传，或不流行，唯打马颇盛，为宋代流行的博戏之一，尤为闺房中人所喜好。

1135 宋 绍兴五年 人 宋徽宗赵佶卒于五国城。善书画诗词，书法自成一家，称“瘦金体”。

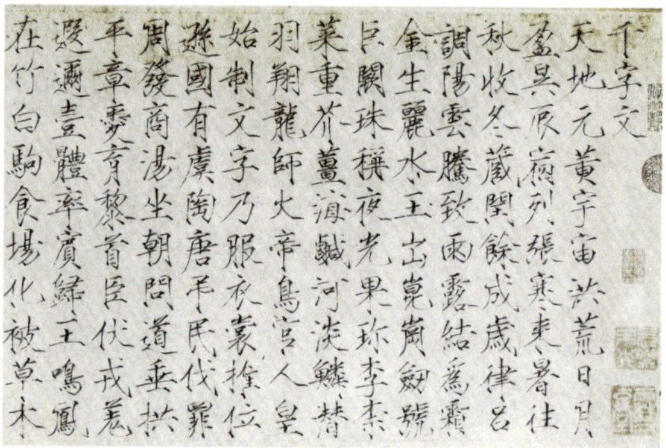

《楷书千字文》（局部）

人 理学家杨时卒。先后学于程颢、程颐，为“程门四先生”之一，南宋时，东南学者奉为“程氏正宗”。

人 理学家罗从彦卒。受业于杨时，又同学于程颐，为“南剑三先生”之一。

1136 宋 绍兴六年 艺 宋《华夷图》和《禹迹图》于本年刻于石上，在同一碑正反两面刻制两图。《禹迹图》上有画方（相当于比例坐标），为现存罕见的有画方的地图。碑现存西安碑林。

1140 金 天眷三年 建 辽金时期华严宗名刹华严寺，毁于辽末兵火，本年依旧址重建，其大雄宝殿为现存辽金时代的最大佛殿。

1142 宋 绍兴十二年 人 抗金英雄岳飞以“莫须有”罪名被宋高宗杀害。

1151 宋 绍兴二十一年 建 泉州安平桥建成。该桥自绍兴八年（1138 年）始建，横跨安海港海湾，全长约 2.5 公里，在 1905 年郑州黄河大桥建成以前，一直是中国最长的桥梁。

1153 宋 绍兴二十三年 人 书画家米友仁卒。米芾长子，人称“小米”。善行书，喜山水画且重写意，以点代线，被称为“米点山水”，是绘画技法上的一大突破。

人 著名女词人李清照约卒于本年。南宋婉约派代表，其词号“易安体”。

1155 宋 绍兴二十五年

科 《六经图》刊印于本年前后，杨甲撰。书中《十五国风地理之图》为中国现存第一张印刷地图，比欧洲现存最早地图早三百多年。

1163 宋 隆兴元年

人 理学家李侗卒。朱熹曾从其学。“南剑三先生”之一。

1167 金 大定七年

宗 金道士王嚞在宁海州全真庵讲道，创立道教全真派。主张儒、释、道三家合流。该教流传极广，入元后，成为北方道教主要派别。

1170 金 大定十年

人 金道士王嚞卒。世称重阳真人。1167 年创全真教，并制定出家制度。其弟子有马钰、谭处端、刘处玄、丘处机、王处一、郝大通、孙不二，号为“北七真”。

1179 宋 淳熙六年

教 朱熹访求白鹿洞书院遗址，重建书院，并制定学规。后又奏请朝廷赐“白鹿洞书院”敕额和监本《九经》(1181 年)。所订学规，不仅是南宋书院的统一教规，且元、明、清三代书院亦遵行，影响了各级官学。宋代书院大部分建于南宋，并集中在江西、湖南、浙江和福建等地。

建 苏州玄妙观三清殿建成，为江南最大的古代木结构建筑。

艺 始建大足石窟之宝顶山摩崖造像。为蜀中密教名僧赵智风创建，历时七十余年始成。其中有三十余幅巨型雕刻，为中国现存规模最大、价值最高的宋代摩崖造像；也有释迦牟尼与老子、孔子同在一窟中的造像，体现了传统文化中儒、释、道三家合流的特点。

大足密教造像
千手千眼观音

宋 960年—1279年 | 辽夏金元 916年—1368年

1180 宋 淳熙七年 人 理学家张栻卒。与朱熹、吕祖谦齐名，时称“东南三贤”。宣扬“所谓礼者天之理”。

人 理学家陆九龄卒。尊二程学说，与兄九韶、弟九渊并称“三陆子之学”。他主张“践履”，反对“弃日用而论心，遗伦理而语道”。

1181 宋 淳熙八年 科 吕祖谦撰成《庚子辛丑日记》，为世界上现存最早的实测物候记录。

1182 宋 淳熙九年 文 女诗人朱淑真诗作《断肠集》为魏仲恭辑成。

1183 金 大定二十三年 人 金道士马钰卒。世称丹阳真人，创全真遇仙派。为全真道“七真”之一。亦擅针灸，著有《十二穴歌》，为针灸临床经验之要诀。

1188 金 大定二十八年 宗 金世宗遣使访全真道门人，丘处机、王处一应召讲道，深得世宗喜爱。世宗命塑纯阳（吕洞宾）、重阳（王嚞）、丹阳（马钰）三师像。

1192 金 明昌三年 建 卢沟桥历时三年完工。桥全长 266.5 米，宽约 8 米，十一孔，桥栏上雕有姿态各异的石狮五百余尊，是华北地区最大的石拱桥。

1193 宋 绍熙四年 人 理学家陆九渊卒。南宋重要思想家，与朱熹齐名。

为学强调发自本心，认为“心即理”，“吾心便是宇宙”。其学说为明代王守仁继承发展，成为陆王学派。

人 诗人范成大卒。与陆游、杨万里、尤袤合称“南宋四大家”。

1200 宋 庆元六年 人 思想家、教育家朱熹卒。集理学之大成，建立了完整的理学体系，世称“程朱理学”。

人 金医学家刘完素卒。金元四大（医）家之一。治法上多用寒凉药，并创制了众多治疗伤寒热病的方剂，后人称作“寒凉派”。

1204 金 泰和四年 文 蒙古消灭乃蛮部。乃蛮人塔塔统阿借用畏兀儿字母拼写蒙古语，蒙古始有文字。此对蒙古文化发展有重大意义。

1205 宋 开禧元年 人 史学家袁枢卒。撰成《通鉴纪事本末》，创历史编纂“纪事本末体”体裁。

1206 宋 开禧二年 人 文学家杨万里卒。诗与尤袤、范成大、陆游齐名，称“南宋四大家”。

史 蒙古各部由铁木真统一，铁木真称“成吉思汗”，并举行忽里勒台大会。蒙古族的强大与统一对以后中国和世界的政治、经济、军事和文化影响巨大。

成吉思汗像

1207 宋 开禧三年 人 宋词人辛弃疾卒。豪放派的杰出代表，与苏轼并称“苏辛”。

1208 金 泰和八年 文 金章宗时，戏曲家董解元在世。解元为金元时对文人的通称，董有《西厢记诸宫调》，从唐元稹《莺莺传》

辽夏金元 916年—1368年
宋 960年—1279年

取材，通称《董西厢》，闻名于世。

1209 宋 嘉定二年 人 僧道济卒。被称为“济癫”，后人以神奇怪诞传说附会于他，撰成《济公传》，以他为济公原型。

1210 宋 嘉定三年 人 宋诗人陆游卒。南宋四大家之一。一生诗作传世近万首，风格雄浑豪放，表现出渴望恢复国家统一的强烈感情。

1223 宋 嘉定十六年 人 哲学家叶适卒。讲究“功利之学”，反对空谈义理性命，是浙东学派重要代表。

1225 宋 宝庆元年 人 画家马远约卒于本年。南宋四大山水画家之一。善以山水一角半边来表现整体，时称“马一角”。

马远《踏歌图轴》（局部）

1227 金 政大四年 人 金道士丘处机卒。“北七真”之一，创龙门派。后被成吉思汗封为国师，总领道教。

人 成吉思汗卒。

1229 宋 绍定二年 科 《平江图碑》刻成，此碑系中国现存最早的石刻城市地图。是当时平江城防图，反映了宋代都市的面貌。

1232 蒙古 窝阔台四年 建 始建蒙古永乐宫。原名大纯阳万寿宫，是全真教道观，因原址在山西芮城县西永乐镇，故称“永乐宫”。宫中元代壁画总面积约960平方米，技艺超群，题材丰富，为中国古代壁画珍宝。

宋 960年—1279年

辽夏金元 916年—1368年

山西芮城永乐宫三清殿

1232 金 开兴元年 人 金文学家、思想家赵秉文卒。其思想出自二程理学，其文师法欧阳修、苏轼，尚平易。工草书。

1244 蒙古 乃马真后三年 人 政治家、作家耶律楚材卒。辽皇族后裔，受到元太祖成吉思汗重用，后劝说元太宗窝阔台吸取汉人政治制度，废除屠城旧制。强调治国需用文臣，主张实行科举取士。

1247 宋 淳祐七年 医 《洗冤集录》著成，是世界上最早的法医学专著。后颁行全国，沿用六百余年，并流传国外，对法医学的发展起了重大作用。著作者是宋法医学家宋慈。

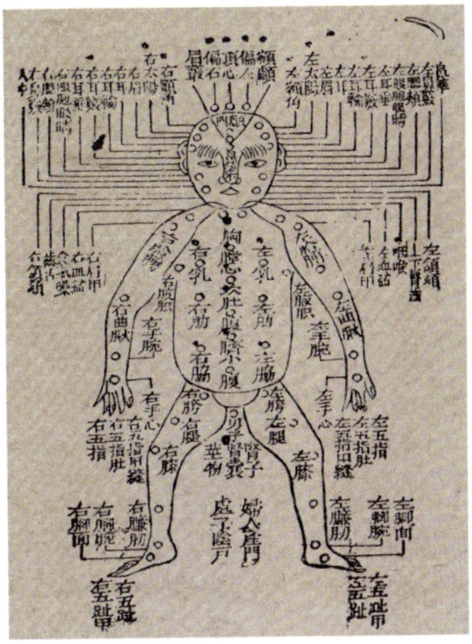

《洗冤集录》的验尸图

1257 蒙古 蒙哥七年 人 金文学家元好问卒。工诗文，文章深沉质朴，被誉为一代文宗。曾记录金代君臣言行，凡百万余言，元修《金史》，多有参考。

1260 宋 景定元年 科 13世纪后半叶，阿拉伯国家记述火药知识的著作《制敌燃烧火攻书》由欧洲人译成拉丁文，而为罗吉尔·培根等学者所引述。此为中国火药制作法经阿拉伯人传至欧洲之始。

宗 蒙古以吐蕃僧八思巴为国师，统管佛教，并管辖西藏政事，对西藏经济、文化发展影响深远。

八思巴会见忽必烈壁画

1261 蒙古 中统二年 科 《梓人遗制》一书著成，为中国古代纺织技术专著。其中介绍华机子、罗机子、立机子、小布卧机子等古代纺织机具的发展、功用及制作等。作者薛景石，字叔矩。

1267 蒙古 至元四年 科 天文学家札马剌丁历时四年编成《万年历》，经蒙古统治者批准，在有关少数民族地区实行。编历期间，在大都立观象台，设各种天文观测仪器。

1269 宋 咸淳五年 人 文学家刘克庄卒。其诗学晚唐，推崇陆游，为江湖派重要作家。编有《千家诗》，为流传久远的蒙学教材。

医 南宋医学家陈言研究伤寒学颇具成就。他根据张仲景的病因理论著《三因极——病证方论》，收方1050余首，认为病因源于内因七情、外因六淫，及不内外因，对病因学研究颇有影响。后医学家沿用和据此书编成《济生方》。

1271 元 至元八年 史 忽必烈定国号为元。

1274 元 至元十一年 人 元代政治家、作家刘秉忠卒。其诗、词、散曲皆有成就。

1280 元 至元十七年 人 元帝师八思巴卒。曾创制八思巴蒙文。

1283 元 至元二十年 人 文学家文天祥于元大都柴市就义。毕生主张抗元，所作诗篇收入《指南录》，可称诗史，其中《过零丁洋》《正气歌》尤为著名。

1286 元 至元二十三年 科《农桑辑要》颁行，由官府司农司编撰。是中国第一部官修官颁农书。书中反映了中国植物栽培从 6 到 13 世纪的进步，总结了宋元时期农业生产技术。

1293 元 至元三十年 科 开凿通惠河工程竣工（始于 1291 年），由水利专家郭守敬主持。为元代杰出的水利工程。至此大运河可以从大都直达杭州，成为加强南北经济、文化联系的重要水运通道。

科 流落外地的女纺织家黄道婆约本年返回松江乌泥泾故乡，带回海南黎族人民的棉纺技术，并改革了轧花车、弹棉椎弓、纺车、织机等工具与相关技能，遂使棉纺技术与植棉在江南很快得到推广。金元之际，棉花已从北路传入陕甘地区。

1296 元 元贞二年 艺“元贞书会”成立。该书会是元初杂剧作家的民间组织，约成立于此年或稍早，关汉卿为该书会核心人物；大都“玉京书会”亦约活动于此时，马致远、白朴皆曾加入该书会。

1298 元 大德二年 文《马可·波罗游记》成书。

科 木活字印书成功。安徽旌德王祯命人刻制三万余个木活字，同时设计转轮排字盘，依韵排列，取字便捷。试印《旌德县志》成功，是为有记录的第一部木活字印刷书籍。

古维吾尔文木活字

人 元剧作家郑光祖约卒于本年。所作杂剧 18 种，今存《倩女离魂》

等 8 种。

1300 元 大德四年 文 元剧作家钟嗣成编撰《录鬼簿》成书。全书记述了金、元 152 位杂剧和散曲作家小传以及 400 余种戏目，为我们了解元代杂剧作家的创作活动、元杂剧的发展，提供了宝贵资料。

人 元剧作家关汉卿约于本年卒。所作杂剧 60 余种，现存 10 余种，《窦娥冤》《救风尘》等皆为名作。被视为元代前期杂剧界的领袖。

《窦娥冤》

1306 元 大德十年 人 元剧作家白朴约卒于本年。所作杂剧有 16 种，今存 3 种。以《梧桐雨》《墙头马上》最为著称。

1307 元 大德十一年 史 加封孔子为“大成至圣文宣王”。“大成”之名始此。

文 史学家马端临撰成《文献通考》348 卷，历时二十余年。该书继杜佑《通典》之后，离析补充其门类为二十四考，唐天宝以前，据《通典》增删而成；自天宝以后，续写至宋宁宗嘉定末年。所载以宋制为详，多《宋史》各志所未备。是书贯穿古今，为研究中国古代典制的重要史籍。与《通典》《通志》并称“三通”。

1315 元 延祐二年 教 仁宗诏令实行科举取士，但对汉人、南人仍采取民族歧视政策，蒙古人、色目人考生考试内容少、容易，授官优越。

1322 元 至治二年 人 书画家赵孟頫卒。以书画最为著称。其书法圆转秀美，人称“赵体”。其画擅用书法笔调描绘古木竹石，开创元代画风。

赵孟頫《水村图》（局部）

1324 元 泰定元年 文《中原音韵》成书。作者周德清，号挺斋，生平不详。本书根据元代北曲用韵情况及大都的语音系统重新设韵部，并首创阴平、阳平、上、去四声，把入声字分别附于三声之尾，成为北曲正音之依据，亦对现代汉语普通话的形成具有重要影响。

人 杂剧作家马致远约卒于本年。作有杂剧15种，今存6种。以《汉宫秋》最为著名。

1329 元 天历二年 人 元代散曲作家张养浩卒。有散曲集《云庄休居自适小乐府》等。

1330 元 至顺元年 医 营养学家忽思慧著成《饮膳正要》，为中国较早的营养学专著。忽思慧，蒙古族，任饮膳太医。

1343 元 至正三年 文 命修辽、金、宋三史，都总裁官为中书右丞相脱脱，总裁官铁木儿塔识、贺惟一、张起岩、欧阳玄、吕思诚、揭傒斯。次年，《辽史》成书，后年《金史》《宋史》成书。参加《辽史》《金史》纂修的少数民族史学家有廉惠山海牙、沙剌班、伯颜（汉名师圣，字宗道）、斡玉伦徒等。

1345 元 至正五年 建 建居庸关云台。台中券洞壁内雕有精美的佛像、花鸟，为元代雕刻艺术杰作，壁间有用梵、藏、八思巴、畏兀儿、西夏、汉六种文字题刻的《陀罗尼经咒》

等碑刻。

1346 元 至正六年 人 地理学家周达观卒于本年后。元贞元年曾奉命随使真腊（今柬埔寨），年余返回。著有《真腊风土记》，为现存记载当年柬埔寨吴哥文化极盛时代的唯一记述，也是中柬文化交流的重要资料。

1348 元 至正八年 人 文学家虞集卒。元仁宗时，参与编撰《经世大典》。

人 散曲作家张可久卒于本年后。以散曲著称，其数量为元人之最。开一代散曲“清丽”之风。

1349 元 至正九年 科《岛夷志略》撰成。作者汪大渊，书分百条，大多记述了作者的游历踪迹，为元代重要的地理著作。

1355 元 至正十五年 人 诗人萨都剌约卒于本年。回族人（一说蒙古族人）。以诗著称，多为歌咏山水景物、归隐赋闲之作，亦有反映人民疾苦、讽刺上层统治者的诗篇。

1359 元 至正十九年 人 诗人、画家王冕卒。善画墨梅，花枝劲健，曾以梅花之清逸自喻。又以胭脂作“没骨梅”，受人推崇。

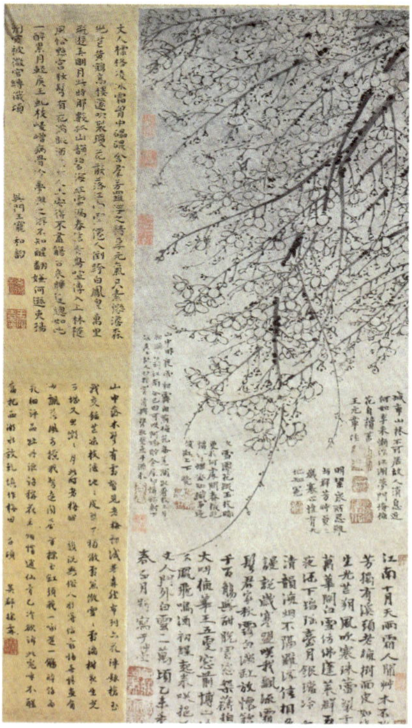

王冕《墨梅图》（局部）

人 戏曲作家高明卒。取蔡伯喈、赵五娘故事写成南戏《琵琶记》，为南戏从民间文学过渡到文人创作时期的代表作。

1363 元 至正二十三年 宗《红册》编成。是现存最古老的藏文佛教史之一，所采用的修史体裁为后来藏文史籍沿用。由藏族史学家公哥朵儿只编撰。

1364　元 至正二十四年　人 西藏史学家、翻译家布敦卒。著有《善逝教法史》（或译《吐蕃佛教源流》），为西藏较早的佛教通史，与《红册》同为元代藏文史学名著。又编有藏文《大藏经目录》等，成为后世各版藏译《大藏经》的依据。

明　1368年—1644年

1368　明 洪武元年　史 朱元璋正月即帝位，因明教建国，故以明为国号，年号洪武，定都应天府，以为南京。八月明军陷大都，元亡。元顺帝逃至漠北，仍称元，史称北元。

史 诏征举贤才，改变元朝的民族歧视政策，对汉族及蒙古族、色目族等人，凡有才能者一体录用。

1369　明 洪武二年　教 诏天下府、州、县皆立学校，定学制。

1370　明 洪武三年　文 以宋濂、王祎为总裁，修成《元史》。自前一年开始，至本年完成。由于仓促而就，对采用的史料未能详加考订。

教 诏行科举取士。确立了以朱熹《四书集注》为基本内容、八股文体为主要形式的科举考试制度。

史 推行户帖制度，命户部统计天下户籍人口、田宅财产，登记造册。为政府征收徭役赋税提供了可靠依据。此举被西方学者认为是世界上最早的人口普查。

宗 确定禅、讲、教三类佛教寺院，要求僧众分别专业。禅即禅宗，讲即禅宗以外的其他宗派，教即专门为人念经的“经忏僧”。

人 小说家施耐庵约卒于本年。创作长篇章回小说《水浒传》，为古典长篇小说名著，亦是长篇白话文学的奠基之作。

1372　明 洪武五年　建 在万里长城西端嘉峪山构筑城关，是为嘉峪关，为长城著名雄关。

1373　明 洪武六年　教 因科举入仕者多为缺少实际经验的少年后生，遂暂停科举，但令官府荐举贤才。

科举考室

八股文试卷（局部）

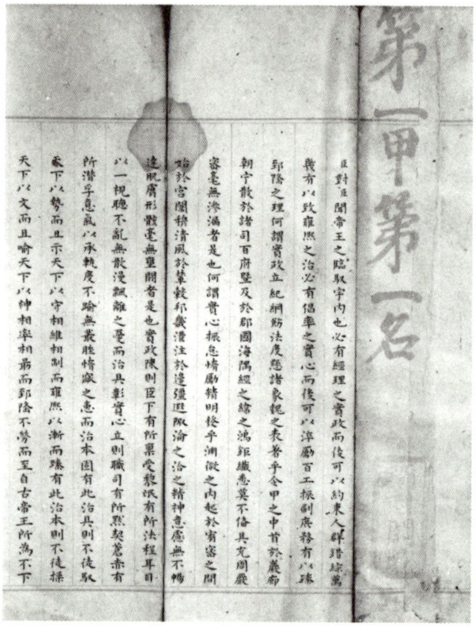

第一甲第一名

臣對臣聞帝王之臨馭宇內也必有經理之實政而後可以約束人群錯綜萬幾有以致雍熙之治必有倡率之實心而後可以淬勵百工振刷庶務有以臻郅隆之理何謂實政立紀綱飭法度懸諸象魏之表著乎令甲之中首於畿甸朝宁散於諸司百府暨及於郡國海隅經之綸之鴻鉅纖悉莫不備具充周嚴密毫無滲漏者是也何謂實心振怠惰勵精明發乎淵微之內起於宥密之間始於宮闈發清風於輦轂邪彙潰注於邊疆遐陬淪之洽之精神意慮無不暢達肌膚形骸毫無壅閼者是也實政陳則臣下有所稟受黎庶有所法程耳目以一視聽不亂無散漫飄離之憂而治具彰實心立則職司有所黙契蒸黎有所潛孚意氣以承執度不踰無叢脞情竇之患而治本固有此治具則不徒馭天下以勢而且示天下以守相維相制而雍熙以漸而臻有此治本則不徒操天下以文而且喻天下以神相率相勗而郅隆不勞而至自古帝王所為不下

明 1368年—1644年

人 文学家、史学家王祎卒。与宋濂同修《元史》。著有《王文忠公集》存世，其中《泉货议》是中国最早主张使用黄金或白银铸币的经济文献。

1374 明 洪武七年 人 元代画家、诗人倪瓒卒。擅画水墨竹石山水，意境淡远清逸。兼工书法。其诗自然淡雅，著有《清閟阁集》。

1375 明 洪武八年 人 政治家、学者刘基卒。助朱元璋立国。与李善长、宋濂等裁定明初典制，参与机要。

1380 明 洪武十三年 史 始罢中书省，政务归六部，遂废止丞相制度，皇帝直接统辖六部。

1381 明 洪武十四年 史 始建太祖陵寝孝陵于南京。明孝陵为中国现存最大帝王陵墓之一。

建 大将徐达构筑长城于山海关，建关设卫，关城造型宏伟壮观，为明长城东端的重要关隘。

人 宋濂于流放途中卒。主修《元史》。生平所著甚多，散文简洁，其文宗法唐宋，力主义理、事功、文辞三统一。

明孝陵神道两侧的石像

1384 明 洪武十七年 教 恢复科举考试制度，并于本年举行科举取士。

1385 明 洪武十八年 科 观象台在京师建立，为当时世界上设备完善的天文台。

南京紫金山天文台的简仪

1390 明 洪武二十三年 人 李善长被杀。曾任左丞相，明初制度多由他参与制定。

1396 明 洪武二十九年 史 制定庆贺谢恩表格式。此前十余年间，臣僚以贺表文字触讳被杀者甚多。

1398 明 洪武三十一年 人 明太祖朱元璋卒。

1400 明 建文二年 人 小说家罗贯中约卒于本年。所著《三国志通俗演义》，为中国古典历史小说名著。

1402 明 建文四年 人 学者方孝孺卒。朱棣召其草拟即位诏书，抗命被杀，灭十族（九族及学生），死者达八百余人。

明 1368年—1644年

明 1368年—1644年

1403 明 永乐元年

史 改北平为京师，称北京。亦设国子监，遂有南北二监之称。

文 命解缙等纂修《古今列女传》。

1405 明 永乐三年

史 遣宦官郑和远航出使西洋各国，自苏州刘家河出海，为郑和下西洋之始。

印尼爪哇岛三保庙

1406 明 永乐四年

医 由朱橚、滕硕、刘醇等编成《普济方》168卷，收61739张医方，明以前大部分医学方书内容得以保存，为中国现存最大医学方书。

1407 明 永乐五年

史 郑和第一次远航下西洋归国。此次远航共有大小船只近千艘，其中“宝船”60多艘，随行人员达两万余人。本年末，郑和第二次下西洋。

1408 明 永乐六年

文 《永乐大典》编成。自永乐元年（1403年）起修纂《文献大成》，后更名《永乐大典》，至此成书，凡22877卷，11095册，由姚广孝、刘季篪、解缙总编，为当时世界上最大的类书。

艺 剧本《小孙屠》《张协状元》《宦门子弟错立身》合称《永乐大典戏文三种》，为现存最早的南戏剧本。

1409 明 永乐七年

宗 成祖遣使迎藏传佛教格鲁派领袖宗喀巴入京传法，宗喀巴派弟子绛钦却杰代行，明封其为“大慈法王”。本年，宗喀巴建甘丹寺，为格鲁派第一座寺院，故格鲁派亦称甘丹派，主要倡导宗教改革，建立严格的学

明 1368年—1644年

经修习与寺院管理制度。因该派僧人戴黄色僧帽，俗称黄教。宗喀巴在拉萨举行大祈愿会，黄教渐成主流教派。

1412 明 永乐十年 宗 明成祖屡遣使寻著名道士张三丰不得，遂发丁夫30余万，历时7年，大营武当宫观，计有8宫2观，36庵堂，72岩庙，为宏大的道教建筑群。张三丰一说金时人，一说元时人。后人辑有《张三丰先生全集》。

1415 明 永乐十三年 史 麻林（今非洲东岸肯尼亚的马林迪一带）遣使至明，赠送麒麟（长颈鹿），是为非洲国家与中国通使之始。

1416 明 永乐十四年 建 建武当山金殿，全部为铜铸鎏金，仿木结构，为中国古代建筑和铸造史上的杰作。

1419 明 永乐十七年 人 西藏黄教创始人宗喀巴卒。本名罗桑扎巴，著有《菩提道次第广论》，为藏传佛教学说总结性著作。还著有《密宗道次第广论》。

1420 明 永乐十八年 建 北京皇宫建成，即今故宫，旧称“紫禁城”。故宫建筑布局对称完整，层次分明，主体突出，集中体现了中国宫廷建筑艺术的独特风格与高超水平。故宫保存的历代文物亦为全国之冠。

《北京宫城图》（局部）

奉天殿（今太和殿）

明 1368年—1644年

1421	明 永乐十九年	史	正式迁都北京，称顺天府。以南京为留都。
1424	明 永乐二十二年	史	明成祖朱棣卒。葬长陵，为明十三陵最大和最早的陵墓。
		科	永乐年间制成并颁发雨量器供全国州县使用，是世界上最早使用统一标准的雨量器。
		艺	永乐间铸成万钧大钟，重40多吨，钟身内外遍铸佛经22万余字，字迹端朴遒劲，反映明初先进的锻铸工艺。现存北京大钟寺内。
1425	明 洪熙元年	教	始定科举南北方按比例取士。确定各省乡试录取名额，南北大体以六与四比例取士。
1427	明 宣德二年	教	本年科举考试始分南、北、中卷取士。每百名考生中，南取55人，北取35人，中取10人。
		人	文学家瞿佑卒。著有传奇小说《剪灯新话》，在中国传奇小说发展上起到了承前启后的作用，是唐宋传奇到《聊斋志异》间的过渡。
1433	明 宣德八年	史	郑和远航结束。
		人	航海家郑和卒。其七次下西洋是继张骞两通西域后中国对中西文化交流又一次开创性的伟大贡献。现存《郑和航海图》，当为其远航西洋时的海图。
1443	明 正统八年	人	况钟卒。与海瑞同为明代著名清官。
1445	明 正统十年	宗	《道藏》经道士邵以正校订后刊印，名《正统道藏》，按3洞、4辅、12类编辑，收书1426种，为现存唯

明 1368年—1644年

一的官修道教经书的总集。

1447 明 正统十二年 宗 兴建扎什伦布寺（在今西藏日喀则南）。为四世班禅及以后历世班禅举行宗教和政治活动的所在地。

1448 明 正统十三年 人 戏曲理论家、剧作家、古琴家朱权卒。太祖第十七子。所著《神奇秘谱》为现存刊印最早的琴曲集，保存了很多前代琴谱与琴曲。《太和正音谱》为现存最早的北曲谱。又作杂剧 12 种，现存《大罗天》《私奔相如》。

1449 明 正统十四年 史 约本年，募天下勇士。有山西武术家李通，十八般武艺皆通，遂应首选。自南宋起，即有十八般武艺之说，至此始有具体内容的记载。

科《九章演算法比类大全》由吴敬撰成。敬字信民，杭州仁和（今浙江杭州）人。时已广泛使用珠算，珠算术已代替筹算，并传到日本、朝鲜等国。

1452 明 景泰三年 人 小说家李祯卒。曾参与编修《永乐大典》。

1457 明 天顺元年 史 宦官曹吉祥与石亨、徐有贞等迎太上皇英宗入宫复辟，改元天顺。史称“夺门之变”。

史 兵部尚书于谦以“谋逆罪”被杀。字廷益，钱塘人，能诗。万历时谥忠肃。有《于忠肃集》。

艺 故宫存有宣德间所制工艺品铜胎掐丝珐琅器皿。该工艺至景泰年间广泛流行，以蓝釉最为出色。故习称“景泰蓝”。

明景泰年制掐丝珐琅八狮纹三环尊

1470 明 成化六年 艺 威尼斯炼金士安东尼奥从阿拉伯人那里学得中国烧制瓷器的方法，并将它传至欧洲。

1473 明 成化九年 建 真觉寺金刚宝座塔建成。其结构和雕刻手法具有中国风格，而造型近似印度建筑，是吸收外来文化的创造性作品。

1487 明 成化二十三年 艺《新编四季五更驻云飞》《新编题西厢记咏十二月赛驻云飞》《新编太平时赛赛驻云飞》《新编寡妇烈女诗曲》是成化年间刊刻的明代民歌集。

1504 明 弘治十七年 建 遣大学士李东阳赴曲阜祭孔，孔庙重修成。孔庙始自鲁哀公时，历代均有重修扩建。现存主要建筑如棂星门、圣时门、大中门、同文门、大成门、御碑亭、杏坛、圣迹殿等多为明代建筑。大成殿、寝殿亦明代重修，清代又重建或扩修。

1505 明 弘治十八年 建 长城八达岭关城建成，与山海关同为长城东部名胜。

1509 明 正德四年 人 文学家、书画家沈周卒。与唐寅、文徵明、仇英并称为“明四家”，对明代绘画影响颇深。

沈周《京江送别图》（局部）

1512 明 正德七年 人 文学家马中锡卒。撰有小说《中山狼传》较为著名。

1521 明 正德十六年 科 嘉州凿成第一口石油竖井，有数百米深。比西方早300多年。

1522 明 嘉靖元年 艺 自嘉靖始，盛行传奇戏剧。诸剧种如海盐腔、余姚腔、弋阳腔、昆山腔（即昆腔）、四平腔等经元末明初发展，至嘉靖亦颇流行，然都以演唱传奇本为主。明中叶后出现新的戏曲形式南杂剧，形式曲调兼受元杂剧与明传奇影响，但不及传奇风行。

1523 明 嘉靖二年 人 书画家、文学家唐寅卒。文与祝允明、徐祯卿、文徵明并称“吴中四才子”。画与沈周、仇英、文徵明合称“明四家”。曾刻有“江南第一风流才子”印，故后世戏曲小说多以风流韵事附会之。

唐寅《洞箫仕女图》

1527 明 嘉靖六年 建 重建广胜寺上寺飞虹塔，高 47 米多，13 级，塔身以三彩琉璃装饰。形制峻拔，为中国现存琉璃塔代表作。

1529 明 嘉靖七年 人 哲学家、教育家王守仁卒。世称阳明先生。他以陆九渊的“心学”批判朱熹的理学观点，是明中后期最重要的思想家。

1534 明 嘉靖十三年 建 皇史宬建成（又名表章库），面积 2000 多平方米，通体为石结构，以避火灾，为艺术性、实用性兼备的宫殿式建筑。内列雕龙鎏金铜皮大木柜，以储档案，为明清帝王档案库。

皇史宬内景

1536 明 嘉靖十五年 科 地理学家黄衷著成《海语》，记述了当时中国与东南亚各地的交通情况。

1546 明 嘉靖二十五年 人 水利专家刘天和卒。著有论述黄河、运河河道及治理的重要文献《问水集》，其中“植柳六法”一直是黄河护岸保堤的有效措施。

明 1368 年—1644 年

1550 明 嘉靖二十九年 艺 本年前后，中国“贴落”（即壁纸）由西班牙、荷兰商人传入欧洲，成为欧洲崇尚的室内装潢材料与工艺品，后欧洲自制各色壁纸，图案亦融合中西风格。

1552 明 嘉靖三十一年 宗 耶稣会教士、西班牙人圣方济各·沙勿略卒。为西方来华传教的先驱。他从印度果阿到广东上川岛，欲入华传教。时明朝海禁森严，不得入境，遂病死该岛。

1557 明 嘉靖三十六年 教 葡萄牙始于澳门设置官吏，不久，也在澳门成立耶稣会学校，为中国境内第一所教会学校。

1559 明 嘉靖三十八年 人 书画家文徵明卒。“吴中四才子”之一。画与沈周、唐寅、仇英合称“明四家”。擅画山水，师法宋元，构图平稳，笔墨秀雅，形成“吴门派”。

文徵明书画折扇

人 文学家、学者杨慎卒。著述宏富为明代第一。著有散曲集《陶情乐府》、杂剧《洞天玄记》、笔记《丹铅录》、地理志《云南山川志》等。

1561 明 嘉靖四十年 建 天一阁建成。因避严嵩父子专横，兵部右侍郎范钦还乡，在宁波创建天一阁，为中国现存最古的藏书楼。

1566 明 嘉靖四十五年 建 嘉靖时建苏州拙政园，为江南名园，是中国古代园林艺术的杰作。

艺 顾名世在此时于上海露香园模仿绘画风格，创“顾绣”，对明清以来陈设性刺绣颇有影响。与湘绣、广

		绣、蜀绣并称“四大名绣”。
		史 武术家张松溪于嘉靖间以“内家拳”著称于世。内家拳以柔克刚、以静制动、以气运力、寓攻为守，对后来的太极、形意、八卦等拳术的创出与发展很有影响。
1567	明 隆庆元年	人 严嵩卒。嘉靖时入阁，专国政 20 年，被后世视为权相奸臣的典型而写入戏曲小说。
1568	明 隆庆二年	人 戏曲家、文学家李开先卒。喜藏书，重视通俗文艺，以诗文，散曲见称。作有传奇《宝剑记》和院本《园林午梦》。
1571	明 隆庆五年	人 文学家归有光卒。反对当时复古派“文必秦汉”之说，与王慎中、唐顺之、茅坤开“唐宋派”。
		医 约在隆庆年间，人痘接种法首先在宁国府太平县试行。17 世纪末传入俄国、土耳其及西欧。
1573	明 万历元年	建 广西容县真武阁建成。全阁用近 3000 条大小铁木构件，以杠杆结构原理串联吻合，相互制约扶持，合为一体，为建筑史上的奇迹。
1576	明 万历四年	文 西班牙地理学家拉达据泉州土话用西班牙文编撰成《华语韵编》，为第一部中外语言字典。拉达曾抵达福建沿海。
1579	明 万历七年	人 抗倭名将俞大猷卒。抵御东南倭寇，多立战功，与戚继光齐名。
1580	明 万历八年	科 戚继光发明“自犯钢轮火”，或以为是最早的地雷。
1582	明 万历十年	史 本年前后，葡萄牙人首次将烟草、望远镜等带进中国。至崇祯时已颇有人以吸烟为乐。
		人 小说家吴承恩约卒于本年。所著长篇小说《西游记》为中国古典神话小说之杰作。
1583	明 万历十一年	人 意大利传教士利玛窦在广东肇庆始传教，将自制地图及浑仪等天文仪器，连同来华所带的自鸣钟、三棱镜等均陈列室内，供人参观。此为先进的西洋科学仪器

传入中国之始。

利玛窦像

明 1368年—1644年

1584 明 万历十二年 宗 外国传教士罗明坚用中文写作的天主教教理《天主实录》（一名《圣教实录》），经利玛窦和中国文士修订，在肇庆印出。是为西人最早用中文写作并印行的宗教书籍。

科 利玛窦在肇庆绘成《山海舆地图》，图中绘列经纬度、赤道，并稍变常法，移绘中国近图中央，地名均汉译，为新型世界地图传入中国之始。

1585 明 万历十三年 文 奥斯汀会士门多萨在罗马出版西班牙文的《中华大帝国史》，此为用西文最早系统介绍中国史地的著作，不久译成意、法、英、德等文字，在欧洲广为印行。

1587 明 万历十五年 史 封蒙古俺答汗妻三娘子为“忠顺夫人”，她于俺答汗死后主持政务达30余年，对促进蒙汉地区间的经济文化交流起过积极作用。

人 海瑞卒，南京为之罢市送丧。以为政清正刚直，被后人视为清官典范。

1588 明 万历十六年 人 抗倭名将、军事家戚继光卒。提倡习武御倭，对后世拳术的发展影响较大。

1590 明 万历十八年 建 神宗定陵完工（万历十二年始建）。1956年曾对其进行考古发掘，其建筑与随葬品对研究明代陵寝制度极有价值。

人 文学家、学者王世贞卒。善诗，主张“文必秦汉，诗必盛唐”。与李攀龙等同为“后七子”。

1591 明 万历十九年 科《宝坻劝农书》刊行。为农学家袁黄所撰，对于治理盐碱土地提出解决办法。袁黄，字坤仪，号了凡，浙江嘉善人。还著有《皇都水利》等书。

1592 明 万历二十年 科《直指算法统宗》著成。为流传广泛的珠算书，最早提出使用珠算开平方、开立方的运算方法。作者程大位，字汝思，号宾渠，安徽休宁人。

1593 明 万历二十一年 文“四书”由利玛窦译成拉丁文，寄回意大利，为“四书”最早译本。

科 译自西班牙文《自然法的修正与改进》的《无极天主正教真传实录》，以中文刊行于菲律宾马尼拉，为最早以中文介绍西方生物学知识的著作。书共九章，除三章宣扬天主教义，一章论地理，其余五章均与生物学知识有关。

人 医药学家李时珍卒。著成《本草纲目》，收药1892种，为中医药物学总结性的巨著，亦是一部博物学著作。

人 文学家、书画家徐渭卒。诗文奇险奔放。文学批评方面提倡独创，对公安派颇有影响。创作杂剧有《四声猿》等。其书法长于行草。擅水墨画。

1594 明 万历二十二年 教 东林书院建成。以忤旨革职还家的顾宪成，在无锡建东林书院，与弟允成及高攀龙等讲学，讽议朝政，评论人物。后邹元标、赵南星等亦相继讲学，朝士遥相应和。东林党议始此。

“东林旧址”石牌坊

1595 明 万历二十三年 人 水利专家潘季驯卒。所著《河防一览》为明代治黄的代表作。

1596 明 万历二十四年 科 据《唐县志》载，本年已用“火爆法”采矿，或说即用火药爆破技术采矿之始。此前早已使用“烧爆法”（即用火烧矿床，再淋以水，使矿石爆裂，以便开采）。又据《物理小识》，至迟明末已发明炼焦法，提高了冶金技术。

宗 利玛窦到达北京，进赠天主、圣母像、十字架、《圣经》、《万国图志》及自鸣钟、琴等于神宗。神宗命内臣从其学琴，并准许其定居北京。

1602 明 万历三十年 人 思想家、文学家李贽以“惑乱人心”罪被捕，自杀狱中。抨击礼教和道学，贬斥“六经”和《论语》《孟子》。他最早重视对通俗文学的研究和批评，曾评点《水浒传》《西厢记》等。

1605 明 万历三十三年 文 利玛窦《西字奇迹》在北京印行。是为在华刊印的第一部拉丁拼音的语文书，使拉丁字母及拼音法正式在中国传布。

1606 明 万历三十四年 文 《金瓶梅》至迟本年已经成书印行，为明代长篇世情小说的代表作，多反映市民生活习俗。该书语言熟练，结构完整，对中国古典长篇小说发展很有影响。然淫秽描述较多，历代均禁。其作者自署兰陵笑笑生，究竟何人，各说不一。

1607 明 万历三十五年

科 徐光启与利玛窦合译完《几何原本》前六卷，对当时中国的数学发展有一定影响。

文 今存满文老档最早于本年记事，止于1636年。共180册，是研究满族早期社会历史与语言文字的重要文献。

1609 明 万历三十七年

宗 利玛窦在北京创立天主会，规定入会教士按月聚会，济贫为务；并督建北京大教堂。

人 农学家杨时乔卒。著有《马政记》《马书》《牛书》等，为明代农学重要典籍。

1610 明 万历三十八年

人 意大利传教士利玛窦卒。为明末来华传教士中影响最大者。与徐光启、李之藻等中国学者合作，将西方一些自然科学知识传入中国。

《坤舆万国全图》

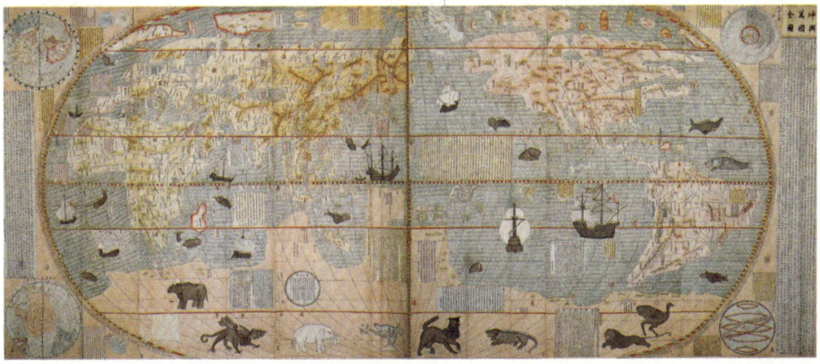

人 文学家袁宏道卒。文学上反对拟古倾向，强调抒写“性灵”，与兄宗道、弟中道并称“三袁”，而以他成就最大。

人 戏曲作家沈璟卒。所撰《南九宫十三调曲谱》被当时曲家所宗。著有传奇《义侠记》等十余种。被推崇为戏曲“吴江派”之祖。

1611 明 万历三十九年

人 科学家朱载堉卒。明宗室。通晓历律、数学，首创用等比级数划分音律之法，并且系统阐述了十二平均律的理论，对于论述历算岁差的方法也取得成就。

明 1368年—1644年

1612 明 万历四十年

科 《泰西水法》在北京刊印，意大利传教士熊三拔著，为中国第一部介绍西方农田水利的专著。

1613 明 万历四十一年

科 由李之藻编著的《同文算指》成书，次年刊行。系据克拉维斯《实用算术概论》与程大位《直指算法统宗》编译而成，是介绍西方笔算的第一部著作，亦为中西算术融汇之始。

1615 明 万历四十三年

史 努尔哈赤正式建立八旗制度，即将全体女真人分别编入红、黄、蓝、白、镶红、镶黄、镶蓝、镶白八旗中，一旗即一固山，下设五甲喇，一甲喇为五牛录，每牛录为三百人。八旗制实为军政合一制。努尔哈赤为八旗总首领。

宗 道教要籍《性命圭旨》著成。传为尹真人弟子所著。此书前有新安震初子余永宁本年序。书以老君、释迦、孔子为三圣，表明全真道流行后三家合一说的盛行，又以图配文说明内功修炼过程及细节，皆兼采儒、释。

史 “梃击案”发生。平民张差手执木棍闯入太子（明光宗）宫中，打伤太监数人后被执。时人怀疑系郑贵妃所指使，欲谋杀太子。然神宗与太子不欲深究。遂为“梃击案”。

文 朱谋𫛨所著《水经注笺》刊行，为《水经注》第一部重要注本。

人 戏曲作家梅鼎祚卒。其戏曲作品注重辞藻，喜用典故。今存传奇《玉合记》《长命缕》及杂剧《昆仑奴》。

1616 后金 天命元年

史 女真族首领努尔哈赤在赫图阿拉举事称汗，国号金，年号天命。史称后金。

人 剧作家、文学家汤显祖卒。关汉卿后又一戏剧巨匠。所作以《牡丹亭》最为著名，其与《紫钗记》《南柯记》《邯郸记》合称“临川四梦”，其文辞风格被称为“临川派”或“玉茗堂派”。

明朝说唱刊本

1618 明 万历四十六年

人 戏曲理论家、作家吕天成卒。著有《曲品》，保存了不少明代戏曲史料并论及戏曲创作问题。

1620 明 泰昌元年

史 “红丸案”和“移宫案”起。明神宗死。光宗即位，因病服太监崔文升药及鸿胪寺丞李可灼所进红丸，数日病死。时人疑郑贵妃指使下毒，崔、李遂被谪戍，此为“红丸案”。光宗死，熹宗当立。廷臣恐熹宗养母李氏操纵朝政，迫令迁出乾清宫，此为“移宫案”。

文 长篇神魔小说《封神演义》于隆庆、万历间成书。由许仲琳据宋元话本《武王伐纣平话》并参考古籍记载，以及博采民间传说，虚构演绎而成。

艺 周嘉胄所著《装潢志》于万历间成书，为中国较早论述书画装裱技艺的专著。

文 万历举人胡震亨编成《唐音统签》，辑录了所见唐人诗篇及有关唐诗资料。清人即在此书基础上编成《全唐诗》。

医 针灸学家杨继洲，万历时曾任职太医院。著有《针灸大成》，对针灸学的发展较有贡献。

人 戏曲作家、文学家臧懋循卒。万历四十四年编成《元曲选》，对元杂剧的保存与流传很有贡献。

1621 明 天启元年

科 《武备志》由学者茅元仪编著成书，广采历代军事书籍两千多种，且科学、交通、体育等方面史料也多有收入。书中所载“火龙出水”等，为现代火箭前身；

明 1368年—1644年

		《郑和航海图》亦赖此书传世。茅元仪字止生，号石民，归安人。崇祯时卒。
1623	明 天启三年	科《职方外记》由意大利传教士艾儒略著成，是第一部系统介绍五大洲各国风土、民俗、气候、名胜的中文地理著作。
		医 医学家陈司成著成《霉疮秘录》，是第一部论治性病的中医专书。
		人 戏曲理论家、作家王骥德约卒于本年。所著《曲律》主张既重曲律，又重内容，从作曲到剧本结构都有系统论述，是中国最早且较全面的戏曲论著。
1625	明 天启五年	史 杨涟、左光斗等因前一年弹劾魏忠贤而遭酷刑。东林党人亦因此遭受迫害，受拷掠死者甚众。以东林书院为首，全国书院皆遭禁毁。
		史 命编次“梃击”“红丸”“移宫”三案始末，实为阉党翻案之书，借以攻击东林党。
1626	明 天启六年	史 明宁远守将袁崇焕用西洋大炮击退来攻的金兵。或说努尔哈赤即中炮而死。
		人 后金努尔哈赤卒。他对满族初期的政治制度与经济文化发展贡献很大，清朝建立后追尊为太祖。
		文“五经”由法国传教士金尼阁译成拉丁文，在杭州刊印，为儒家经籍最早刊印的西文译本。
		文《西儒耳目资》刊印。法国传教士金尼阁著。本书以25个字母拼合汉字读音，帮助西方人学习汉语而用。为中国传统的反切法另辟蹊径，引起中国音韵学家对拼音文字的重视与研究。
1627	明 天启七年	科《奇器图说》刊行。本书为瑞士传教士邓玉函所著，由王征译绘。是最早译成中文的介绍西方机械工程学的著作。
1628	明 崇祯元年	科 崇祯间始以活字版印刷邸报。
1629	明 崇祯二年	史 形成于明末的气功书《易筋经》，本年始见抄本流传。
1630	明 崇祯三年	科《国脉民天》约于本年著成，重点讨论区种法，以解

决人多地少问题。

1631 明 崇祯四年

科《名理探》由葡萄牙传教士傅泛际与李之藻合作翻译，在杭州刊行，为西方逻辑学的第一部中文译著。

1632 后金 天聪六年

人 后金学者达海卒。奉命改造额尔德尼、噶盖所制满文，增为 12 字头，并在字旁加圈点以明音义等。满文至此始渐完备。

1633 明 崇祯六年

史 复社开虎丘大会，与会者数千人。复社继东林后而成为一大政治集团。

人 科学家徐光启卒。明末清初西学东渐，徐光启是主要推动者。主持编修《崇祯历书》。所著《农政全书》及所译《几何原本》最为著名。

1634 明 崇祯七年

科“窥筒”由汤若望监制并正式安装，此为中国制造的第一架天文望远镜。

史 冯梦龙出任福建寿宁知县。任上曾起草《禁溺女告示》，以革陋俗。明代前已有溺女婴之恶习，清代尤盛。

明代绿漆描金花望远镜

科《崇祯历书》修成。采用丹麦天文学家第谷·布拉赫宇宙体系和几何学、球面三角等演算法，修成《崇祯历书》137 卷。此为中国历法参用西法之始，该书较系统地介绍了欧洲天文学知识。

明 1368 年—1644 年

明 1368年—1644年

清 1636年—1911年

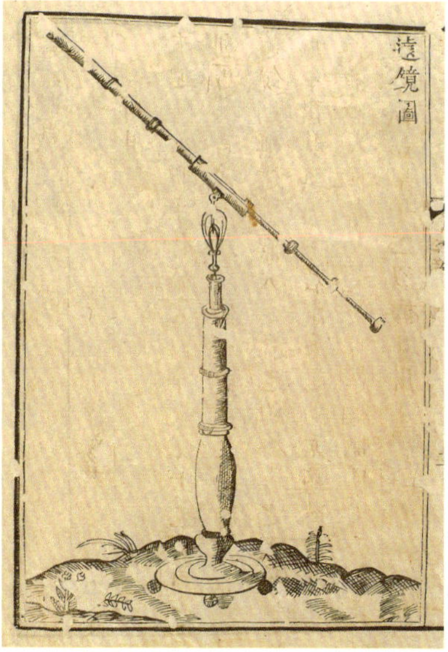

《崇祯历书》中的望远镜图

1636 清 崇德元年

史 后金皇太极改国号为清，改女真为满洲。

人 书画家董其昌卒。书法洒脱秀逸，自具特色，对后来书法影响很大。擅画山水，创山水画南北宗之说。对明末清初画坛影响深远。

人 医学家陈实功卒。具有丰富的中医外科经验，著有《外科正宗》，为中医学的重要著作。

1637 明 崇祯十年

科 科学家宋应星著《天工开物》刊行，为中国古代工农业生产技术总结性巨著，具有重要的科学价值。

人 文学家刘侗卒。与于奕正合著《帝京景物略》，为记述北京风物之作。

1639 明 崇祯十二年

文《皇明经世文编》由陈子龙等编成。书凡 508 卷，收录明代各家有关经世的奏疏、文章，为研究明史的重要文献。

史《三朝辽事实录》由王在晋著成。该书记录了万历四十六年后及泰昌、天启三朝的辽东战事。在晋字明初，还著有《海防纂要》《历代山陵考》等。

人 文学家、书画家陈继儒卒。所辑《宝颜堂秘笈》保存了一些小说和掌故资料。

明清 1368年—1644年 1636年—1911年

1640	明 崇祯十三年	人	医学家张景岳卒。著有《景岳全书》，为重要医学著作。
1641	明 崇祯十四年	人	地理学家、旅行家徐霞客卒。足迹遍及南北，其日记记述了所到之处的地理、水文、地质、植物等资料。对于石灰岩岩溶地貌的记载，较西方早约两个世纪。死后，所记经人整理成《徐霞客游记》。
		人	文学家张溥卒。曾创复社，从事文学、政治活动。
		人	史学家沈德符卒。字景倩，又字虎臣，浙江嘉兴人。精通音律，熟悉掌故。撰有《万历野获编》，多记万历以前朝章掌故及戏曲小说资料。另有《清权堂集》等。
1643	明 崇祯十六年	科	《火攻挈要》刊行。本书由汤若望口授、焦勖评述，附图40幅，是较早系统介绍西方制炮技术和铳炮战术的著作。
		人	音韵学家毕拱辰约卒于本年。字星伯，山东莱州人。曾整理译述邓玉函《人身说概》，是为介绍西方解剖生理学的最早论著。自著《韵略汇通》，定16韵，反映北方话语音系统，可据以研究普通话语音的来源和历史。
		史	明代中叶马吊牌渐趋流行，以合40叶纸牌而成，故亦称“叶子戏”，叶子上每画以人像，以明末陈洪绶《水浒叶子》最为著名，马吊牌博戏之风蔓延明清两代。
1643	明 崇祯十六年	艺	杨柳青年画在崇祯年间始创于今天津杨柳青，为中国北方著名民间木版图画。创于明代的著名民间木版年画还有盛行江南一带的桃花坞年画与流行华南的佛山年画。
1644	明 崇祯十七年	史	三月，李自成起义军攻占北京，明思宗自缢，明朝灭亡。
		史	五月，史可法、马士英拥立福王朱由崧在南京即帝位，为弘光帝，史称南明。

清 1636年—1911年

史 十月，清世祖福临即皇帝位，定都北京。颁布剃发令，并允许满洲贵族圈地占地。

史 清世祖亲临太学祭奠孔子。

教 于北京设立国子监，以祭酒为其行政长官，为国家之最高学府及全国教育管理机构，诏文官三品以上得荫一子入监读书。又于北京四城各立八旗官学，以为八旗子弟读书之所。

北京国子监牌坊

教 恢复科举考试。沿袭明制，定乡、会试条例。

史 定圜丘、方泽大祭乐舞仪式，以祀天地。

科 德意志传教士汤若望用新法推算日食胜于旧法，遂以新法制定新历，名“时宪历”。

文 设四译馆，翻译女真、暹罗等十种文字，隶属翰林院。

人 文学家凌蒙初卒。所著《初刻拍案惊奇》《二刻拍案惊奇》为明代著名白话短篇小说集，世称“二拍”。

1645 清 顺治二年

史 定孔子名号为“大成至圣文宣先师”，后改称“至圣先师”。

宗 罗马教廷禁止在华天主教徒参加中国传统的祀孔、祭祖礼仪。

史 清朝第一部法典《大清律》修成，颁行全国。

教 初行乡试，定次年举行会试。

人 文学家冯梦龙卒。编有白话小说集《喻世明言》《警世通言》《醒世恒言》，世称“三言”。

人 戏剧家阮大铖卒。南明弘光时任兵部尚书，后降清。著有《燕子笺》《春灯谜》等传奇。

1648 清 顺治五年 史 准许满汉官民联姻。

1650 清 顺治七年 教 改南京国子监为江宁府学，只以北京国子监为太学。

人 明督师瞿式耜卒。南明弘光时任广西巡抚，后拥立永历帝。与清军作战被俘遇害。诗作慷慨悲壮，抒发了爱国情怀。

1652 清 顺治九年 教 令各地不准创立书院、聚群结党、空谈废误学业。

文 令各地坊间书贾只许刊行宣扬理学之书，其余淫词滥语、窗艺社稿禁止流行。

教 本年会试分满、汉二榜，以后两科合而为一。

史 册封达赖五世。

史 敕封关羽为“忠义神武关圣大帝”，岁以五月十三日遣官致祭。

人 画家陈洪绶卒。擅画人物、花鸟。绘有《水浒叶子》《九歌》等绣像插图，为明清间版画精品。

陈洪绶所绘插图

1655 清 顺治十二年 人 文学家侯方域卒。孔尚任所著传奇《桃花扇》即以他与名妓李香君事迹为题材。

1656 清 顺治十三年 宗 罗马教廷颁令在华教徒可以参与中国祭祖、祀孔之礼仪，但未否定原禁令，致使在华传教士各持己见行事。

1657 清 顺治十四年 史 顺天乡试主考官李振邺、张我朴因受贿舞弊被斩。江南主考方猷、钱开宗等舞弊事被揭发，于次年处以绞刑。又有河南、山西、山东考官以违例受到严处。对此史称“丁酉科场案”。

教 于理藩院下，设唐古特学，主管教授唐古特文（藏文）及翻译藏文文书。

1658 清 顺治十五年 人 史学家谈迁卒。字孺木，浙江海宁人。撰成编年体明史《国榷》。

1659 清 顺治十六年 人 藏书家毛晋卒。喜好抄录典籍，缮写精良。曾校刻《十三经》等，并建汲古阁收藏宋元刻本八万余册。

1661 清 顺治十八年 史 郑成功率领军队驱走荷兰侵略军，收复台湾。清廷颁布禁海令。

史 苏州诸生金圣叹等人以知县贪贿滥刑，聚众哭于文庙，被处死刑。

人 意大利传教士卫匡国卒于中国。著《中国上古史》《中国新地图志》等，向欧洲人介绍了中国史地。又著《中国文法》，为欧洲学者研习汉字的重要工具书。

人 戏曲作家邹式金生活于明末清初。编有《杂剧新编》，收录 23 个戏曲作家的 34 种剧作。

人 藏书家、目录学家黄虞稷生活于明末清初。于千顷堂藏书六万余卷。又编著《千顷堂书目》，为查考明代典籍的重要目录。

艺 明末清初围棋国手过百龄对围棋下法进行兴革，著有《四子谱》等。

1662 清 康熙元年 文 蒙古史学家小彻辰萨囊著成《蒙古源流》，为研究元、明两代蒙古事迹的重要史书。

人 郑成功卒。抗清及抗击荷兰侵占台湾之名将，并为发展台湾的经济、文化做出贡献。

1663 清 康熙二年

史 庄廷鑨案发。庄廷鑨私修《明史辑略》，家人在其死后刊刻该书，被人告发，清廷严厉追查。于本年，庄廷鑨被戮尸，家人及书贾工匠等七十余人遭株连。

教 康熙帝诏令乡、会试停用八股文体，改以策、论、表、判取士。至1668年，恢复八股文考试。

1664 清 康熙三年

人 文学家钱谦益卒。以诗文著称，为明末文坛领袖。以谄事南明权贵及降清为人所斥。

人 文学家、南明大臣张煌言被俘遇害。其诗文慷慨激昂。有《张苍水集》。

人 女诗人柳如是卒。明末名妓，后为钱谦益妾，明亡时，劝钱谦益自杀，未允。能诗画，有《戊寅草》《柳如是诗》等。

1666 清 康熙五年

人 德意志传教士汤若望卒。明末来中国，参与修订历法，编成《崇祯历书》。入清后，任钦天监监正。一度被劾下狱。著有《主教缘起》等。

1669 清 康熙八年

科 命比利时传教士南怀仁督造新式天文仪器，有赤道经纬仪、低平经纬仪等六件，康熙十二年（1673年）造成。

南怀仁制银镀金浑天仪

1670 清 康熙九年

人 说书艺人柳敬亭约卒于本年。本姓曹，江苏通州人。以擅长说《水浒》《隋唐》等著称于世。

1671	清 康熙十年	文	史学家计六奇著成《明季北略》《明季南略》等编年史书，记述明末清初史事。
		人	思想家、科学家方以智卒。对天文、地理、历史、物理、生物、医药、文学、音韵等皆有研究。著有《通雅》《物理小识》等书，以唯物思想对西方神学及宋明理学给予批判。
		人	诗人吴伟业卒。擅七律及七言歌行诗，《圆圆曲》等为其名作。
		人	戏曲家李玉约卒于本年。创作戏曲传奇四十余种，《清忠谱》等皆其名作。又编订《北词广正谱》，为研究北曲曲律之名著。
1672	清 康熙十一年	人	医学家吴有性卒。其名著《瘟疫论》突破传统瘟疫病因旧说，创立“疠气”病因学说，对中医学说有所发展。
1673	清 康熙十二年	人	僧隐元卒。清初至日本，创立黄檗宗。
		人	史学家马骕卒。以研究先秦史著称。编著《绎史》等。
1676	清 康熙十五年	人	史学家、戏曲家查继佐卒。著有《罪惟录》《鲁春秋》等。
1678	清 康熙十七年	教	首开“博学鸿词”科，征天下已仕、未仕名士一百八九十人至京，次年应试。
1679	清 康熙十八年	教	博学鸿词科开考，荐举应试者百余人。康熙帝亲自选拔，授以翰林职，修撰《明史》。朱彝尊、毛奇龄等俱在其中。但顾炎武、黄宗羲等拒不赴京应试。
		人	文学家张岱卒。其散文以清新隽永著称，尤擅小品。有《西湖梦寻》《陶庵梦忆》等文集。
1680	清 康熙十九年	人	戏曲理论家、剧作家李渔约卒于本年。《闲情偶寄》为其戏曲理论集。
1682	清 康熙二十一年	人	思想家朱之瑜卒。明亡后从事抗清活动，后流居日本讲学，对日本学术思想颇具影响。有《朱舜水集》。

			人 思想家顾炎武卒。明清之际重要思想家，提倡经世致用之学，批判理学空谈。开清代考据学之风气。著有《日知录》等。
1683	清 康熙二十二年	史	清军征台湾，完成中国统一。并于翌年设府，隶福建省。
1684	清 康熙二十三年	文	清代东北第一部地方志《盛京通志》纂成刊行。此后乾隆时又三次续修。
		人	思想家傅山卒。其学广涉经史诸子及佛道，并精医学。提倡对诸子的钻研，开清代诸子学研究之风气。
1685	清 康熙二十四年	人	文学家纳兰性德卒。以词著称，尤擅小令，情调清婉感伤，间有雄浑之作。有《纳兰词》等。
1686	清 康熙二十五年	人	文学家董说卒。通经学，工草书。所作小说《西游补》以讥讽世态闻名。又编撰反映战国制度的书籍《七国考》。
1687	清 康熙二十六年	科	康熙帝命法国传教士张诚、白晋为御前侍讲，讲授测量学、几何学、解剖学、化学等知识。
		文	比利时传教士柏应理向欧洲介绍孔子思想及儒家经典，于本年在巴黎刊印《中国哲学家孔子》，并附载了拉丁文本的《论语》《中庸》《大学》。
1688	清 康熙二十七年	人	水利学家陈潢卒。主张治理上游。注重水土保持，其以水攻沙的做法对治理黄河颇见成效。著有《河防述言》等。
1689	清 康熙二十八年	人	学者吴任臣卒。兼通经史及天文历算，曾预修《明史》。著有《十国春秋》，以纪传体记述十国历史。
1691	清 康熙三十年	人	第一位中国籍天主教的主教罗文藻卒。罗文藻字汝鼎，福建福安人。曾在马尼拉进修神学，回国后在南京就任主教，负责全国教务。
1692	清 康熙三十一年	人	思想家王夫之卒。人称船山先生。批判宋明理学的唯心学说，总结和发展了中国传统的唯物思想。
		人	史地学家顾祖禹卒。曾参与修撰《大清一统志》。编

撰《读史方舆纪要》，论述了清代地理沿革。

1693 清 康熙三十二年 人 著名建筑设计工匠雷发达卒。曾参与北京故宫太和殿等工程的重建。子孙继承其业，主持宫廷营造达二百年，如圆明园等建筑皆为雷氏设计，人称“样式雷”。

营建紫禁城所用的墨斗

紫禁城钟粹宫梁架结构模型

1694 清 康熙三十三年 宗 台湾府云林县首建朝天宫庙宇，俗称妈祖庙，奉祀宋代林姓女子。相传林女渡海升天为神，闽粤沿海及台湾居民遂视其为航海平安及年岁丰收之神。

人 经学家徐乾学卒。曾主持编修《大清一统志》《清会典》等。汇集唐代以来学者解经诸说，编为《通志堂经解》。藏书颇丰，有《传是楼书目》。

1695 清 康熙三十四年 文 吴楚材等选编《古文观止》刊成，为旧时古文启蒙读本。

人 思想家黄宗羲卒。所著《明儒学案》，为中国最早的学术史专著。

1697 清 康熙三十六年 人 医学家王宏翰卒。为最早接受西医学说之医学家。融汇中西医学思想，著成《医学原始》等。

1700 清 康熙三十九年 文 法国传教士巴设本年将拉丁文《圣经》首次译成中文白话。

1701 清 康熙四十年 人 藏书家钱曾卒。辑有《述古堂书目》《也是园书目》，并撰《读书敏求记》。

1702 清 康熙四十一年 人 史学家万斯同卒。曾参加修撰《明史》，并著有《历代史表》等。

1703 清 康熙四十二年 人 文学家叶燮卒。以诗论闻名。著《原诗》，阐述了诗歌的发展及创作等理论。

1704 清 康熙四十三年 人 经学家阎若璩卒。参与编修《大清一统志》。考订了《古文尚书》为东晋梅赜所伪作，开启乾嘉考据之学风。

人 戏剧家洪昇卒。以创作《长生殿》传奇而闻名。

1705 清 康熙四十四年 人 书画家朱耷约卒于本年。号八大山人。为明宗室，后为僧、道。擅水墨写意，其鱼鸟每作“白眼向人”，朱耷亦画山水，意境冷寂，以寄寓亡国之痛。

八大山人《竹石鸡图》（局部）

1706 清 康熙四十五年 人 西藏活佛、诗人仓央嘉错卒。曾被立为六世达赖，但未受册封，卒于前往北京途中。创作诗歌 60 余首。

1707 清 康熙四十六年 宗 因罗马教廷禁止来华传教士遵从中国祀孔、祭祖习俗，康熙帝令在华传教士遵行中国礼法，违者驱逐出境。

清 1636年—1911年

1709 清 康熙四十八年 人 文学家朱彝尊卒。以诗词著称，诗风清新，词精音律，编有《词综》。又通经史，著有《经义考》等。

1711 清 康熙五十年 史 江南科考案发，考官受贿，诸生数百人抬财神入学宫抗议。至后年，主考官左必蕃革职，副主考官赵晋被斩。

文 大型类书《佩文韵府》编成，词语分韵编排，下注音训、出典，可供语辞检索。

文 学者吴乘权编成《纲鉴易知录》，为简略的编年体通史，供初学历史者习读。

人 伊斯兰教学者马注卒。精通伊斯兰教经典，并至各地宣讲，颇有影响。辑有《清真指南》。

人 文学家王士祯卒。以诗文著称。创“神韵说”论诗。著有《池北偶谈》《渔洋诗话》等。

1715 清 康熙五十四年 人 文学家蒲松龄卒。以所撰《聊斋志异》著称，为文言短篇小说之杰作。

1716 清 康熙五十五年 文 大学士张玉书等奉命编成《康熙字典》，共收47035字，是中国古代收字最多的字典。虽然疏漏和错误很多，但流行于世仍很有影响。

人 学者毛奇龄卒。曾参与修《明史》，并治经史、音韵学。反对程朱，提倡汉儒《易》学。

1717 清 康熙五十六年 人 画家王翚卒。创虞山画派。曾受康熙帝之命，主绘《康熙南巡图》。

1718 清 康熙五十七年 人 戏剧家孔尚任卒。以撰《桃花扇》传奇闻名于世。

人 画家石涛约卒于本年。擅画山水，主张创新，笔墨恣肆，意境苍莽，对扬州画派及近世国画颇有影响。

石涛《山水扇面》

清 1636年—1911年

1719	清 康熙五十八年	科	中国第一部经实测、采用经纬标志、梯形投影绘制的《皇舆全览图》完成。此为全国地图集，历时 30 余年绘成。
		文	大型分类辞书《骈字类编》奉敕编成。以两字词语按门类编次，可供检索辞藻、典故之用。
1721	清 康熙六十年	文	大型类书《子史精华》奉敕编成，采集子、史中的名言隽语，按类编排，可供检寻采撷辞藻。
		人	学者梅文鼎卒。精于天文历算，并重视西洋演算法。其著作汇为《勿庵历算全书》。
1722	清 康熙六十一年	人	清圣祖康熙帝卒。
		人	学者何焯卒。著名校勘学家，著有《义门读书记》等。
		科	类书《格致镜原》于康熙年间由陈元龙辑成。汇集古籍中有关博物、工艺等记载，分为 30 类，为研究古代科技史的重要参考书。
		科	水利史资料巨著《行水金鉴》编成，上起禹贡，下迄康熙末年，载录重要水系源流、变迁、施工等。本书由郑元庆编辑。元庆字子余，浙江归安人。
1723	清 雍正元年	宗	令各地西洋传教士缴回前内务府所发传教票，皆去澳门居住。
1725	清 雍正三年	文	大型类书《古今图书集成》由蒋廷锡等奉敕编成，分门别类，内容繁复。先是康熙时，陈梦雷辑成《古今图书汇编》，至是重辑而成此书。
1726	清 雍正四年	史	因查嗣庭所拟江西乡试试题讥刺朝廷，遂兴大狱，并停浙江乡、会试。查嗣庭卒于狱中。
		人	火器发明家戴梓卒。曾发明“连珠铳”（又称连珠火铳）。
1728	清 雍正六年	教	应俄国之请，诏设俄罗斯学馆，隶国子监，准俄国大臣子弟来京学习满、汉语文及经史典籍。
1729	清 雍正七年	史	曾静、吕留良反清案发，雍正帝亲自治狱。后将吕留良著作及历次上谕编为一书，名《大义觉迷录》，刊布

清 1636年—1911年

			天下。
1735	清 雍正十三年	文	耶稣会会士杜赫德编撰之《中华帝国全志》在巴黎出版，此为第一部系统介绍中国社会之书，被誉为中国百科全书，成为欧洲人了解中国的重要材料。
		科	黄履庄为康熙、雍正年间人，曾设计制造多种仪器、机械，如验燥湿器可预证阴晴、瑞光镜光射数里，以及望远镜、显微镜、多级螺旋水车等。著有《奇器图略》。
1736	清 乾隆元年	教	举行博学鸿词科取士，中者 15 人，知名学者杭世骏、齐召南等在其中。
1739	清 乾隆四年	文	江南贡生蒋振生呈进手书《十三经》。至 1785 年，将其楷书经文刻于石上，共 190 块，立于国子监，此为清刻石经。
1740	清 乾隆五年	史	重修《大清律例》完成。
1742	清 乾隆七年	医	吴谦等奉敕修成《医宗金鉴》，为临床医学重要文献。
1743	清 乾隆八年	科	清官修地理总志《大清一统志》初次完成，历时 55 年。后于 1748 年、1842 年两次增修，为研究中国历史地理的重要参考文献。
1744	清 乾隆九年	文	于敏中等奉诏为内廷秘籍编撰《天禄琳琅书目》，以经史子集为纲，并详记其题跋、收藏印记等。
		史	《八旗满洲氏族通谱》编成。记载了八旗满洲各氏族源流演变。
1745	清 乾隆十年	文	辑录内廷秘藏书画之《石渠宝笈》编成。
1746	清 乾隆十一年	艺	周祥钰等奉命编成《九宫大成南北词宫谱》，共收南北曲二千余曲牌、四千余曲调，为研究南北曲音乐的重要文献。
1747	清 乾隆十二年	艺	梁诗正等奉诏汇集内廷所藏明以前法帖，编成《三希堂石渠宝笈法帖》（即《三希堂法帖》），并令工匠刻

于石上。

《三希堂法帖》

《三希堂法帖》之王羲之《快雪时晴帖》

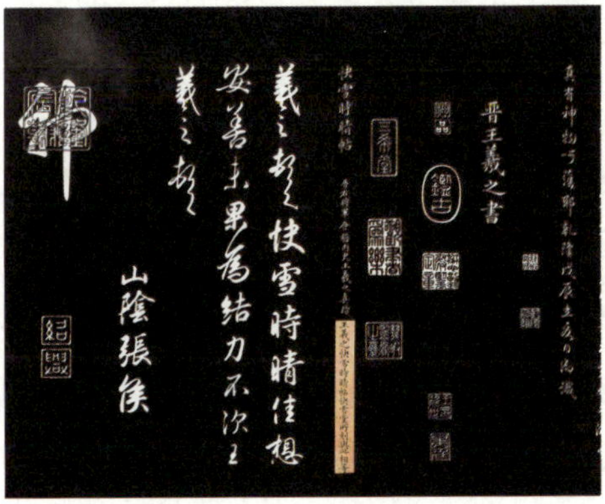

清 1636年—1911年

1749 清 乾隆十四年 人 画家高凤翰卒。“扬州八怪”之一。擅画花鸟、山水，用笔苍劲。

人 文学家方苞卒。提倡古文，为桐城派领袖。

1751 清 乾隆十六年 艺 内廷画家奉命绘朝、日、英、法等二十余国及藏族、满族、蒙古族、维吾尔族及其他民族男女服饰，并镌刻《皇清职贡图》。

1752 清 乾隆十七年 科 经重新测算星表，并参照西法星表，编成《仪象考成》。录星 3083 颗。至 1844 年续编，增为 3240 颗。

1753 清 乾隆十八年 人 画家高翔卒。“扬州八怪”之一。长于山水，画梅风格秀朗。亦善诗、治印。

1754 清 乾隆十九年 史 诏令各地查禁《水浒传》。

人 文学家吴敬梓卒。以所著小说《儒林外史》闻名，对晚清谴责小说的产生具有影响。

人 画家李方膺卒。“扬州八怪”之一。擅长松竹兰梅及小品。

1755 清 乾隆二十年 人 史学家全祖望卒。研治宋末和南明史事。所著《鲒埼亭集》收载明清之际碑传史料颇多。

1756 清 乾隆二十一年 史 德州生员杨淮震投献火器制造技法之书《霹雳神策》，被责打黜革。

人 画家华嵒卒。擅以枯笔干墨绘画花鸟山水，对其后花鸟画影响颇大。

华嵒《秋树八哥图》

1759 清 乾隆二十四年 人 画家汪士慎卒。“扬州八怪”之一。擅绘花卉，尤长画梅。

1760 清 乾隆二十五年 医 顾世澄编成重要外科医学著作《疡医大全》。

1762 清 乾隆二十七年 人 学者江永卒。钻研礼学，校勘考据，多有创见。又精音韵。著有《周礼疑义举要》《近思录集解》等。

1763 清 乾隆二十八年 人 文学家曹雪芹约卒于本年或次年。所著长篇小说《石头记》（即《红楼梦》）在中国古典小说中享誉最高。

人 书画家金农卒。“扬州八怪”之一。擅长书法绘画，

清 1636年—1911年

尤喜画梅，且精于金石鉴赏。

1764 清 乾隆二十九年 人 学者秦蕙田卒。著《五礼通考》，为研究古代礼制重要参考书。

1765 清 乾隆三十年 人 书画家郑燮卒。“扬州八怪”之一。长于画兰竹，工书法，能诗文。

人 历算家明安图卒。证出了西方人没能证明的三个求圆周率公式，又自创六个公式。著有《割圆密率捷法》，未竟而卒，由其子及学生续成。对中国近代数学发展有重要贡献。

1766 清 乾隆三十一年 人 意大利传教士郎世宁卒。历任康、雍、乾三朝内廷画师。其画参酌中西绘法，名作有《百骏图》等。又曾参与圆明园之西洋建筑设计。

1768 清 乾隆三十三年 人 画家黄慎卒于本年后。“扬州八怪”之一。擅画人物，兼工花鸟、山水。亦能诗。

1769 清 乾隆三十四年 人 文学评论家沈德潜卒。著有《说诗晬语》，论诗主格调。所选《古诗源》《唐诗别裁》等皆有影响。

1772 清 乾隆三十七年 文 命开馆编纂《四库全书》，以纪昀为总裁，自上年访购天下遗书，始编《四库全书》。历经十年完成。

《四库全书》书影

1776 清 乾隆四十一年 文 乾隆帝命删改诋毁清朝旧籍，并延及“南宋人书之斥金、明初人书之斥元”等书籍。

1777 清 乾隆四十二年 人 学者戴震卒。创皖派考据学。以“理存于欲”批判了程朱理学的“去人欲”思想。

清 1636年—年1911

1778	清 乾隆四十三年	文 于敏中等依《四库全书》式样，选撷精华，历经五年，于本年辑成《四库全书荟要》，收书464种。
1779	清 乾隆四十四年	人 文学家刘大櫆卒。桐城派文学首领之一。提倡古文，发展了崇古、拟古的文学理论。
1780	清 乾隆四十五年	文 命将戏曲剧本中有违碍清朝统治之处，进行删改。对于宋金之事，词曲、剧本有过当者，均一体饬查。 文 四库馆开具应全部或部分销毁书目，共325部。
1785	清 乾隆五十年	文 续修《大清一统志》《辽金元三史国语解》成书。
1788	清 乾隆五十三年	人 经学家庄存与卒。清代“公羊学”首倡者，所著《春秋正辞》颇有影响。 人 学者翟灏卒。对清代俗语有专门研究，搜集俗语五千余条，编为《通俗编》。
1789	清 乾隆五十四年	文 纪昀等奉命撰成《四库全书总目提要》，并经修改，于本年写定刻版。 人 学者蒋良骐卒。曾任国史馆纂修。他抄辑清开国至雍正末史料，撰成编年史《东华录》。
1790	清 乾隆五十五年	艺 为庆贺乾隆帝八十寿辰，四大徽班（三庆、四喜、春台、和春）进京，继秦腔之后，盛行京师。后与其他剧种结合，于嘉庆、道光时形成京剧。

清宫藏戏剧图册《柴桑口》

1792	清 乾隆五十七年	史 定以“金奔巴”（金瓶）抽签法确定西藏转世班禅、达赖喇嘛之制。 人 史学家梁玉绳约卒于本年。著有《史记志疑》《汉书人表考》等。

金奔巴瓶

1793	清 乾隆五十八年	史	颁布《钦定西藏善后章程》，确定西藏政教合一制度。
		史	英国马戛尔尼使团抵华，请求派员驻京及在宁波、天津等处通商、传教，此为西方早期企图敲开中国大门之举动，但遭清廷拒绝。此次觐见，引发跪拜礼仪之争。
1794	清 乾隆五十九年	人	学者汪中卒。以《哀盐船文》著称于世。
1795	清 乾隆六十年	人	校勘学家卢文弨卒。精于校勘，曾校补《宋史》《列子》等，又刻有《抱经堂丛书》等。
1798	清 嘉庆三年	人	女天文学家王贞仪卒。精通天文、气象、数学等。以地圆思想著《地圆论》。
		人	史学家王鸣盛卒。以考证方法治史，所著《十七史商榷》详于典章制度之考订。
		人	文学家袁枚卒。以“灵性说”论诗。其诗对汉儒及程朱理学有所抨击。著有《随园诗话》和笔记小说《子不语》等。
1800	清 嘉庆五年	人	辑佚学家章宗源卒。所辑佚书《燕丹子》等十余种，多收入《平津馆丛书》。
1801	清 嘉庆六年	人	学者章学诚卒。所著《文史通义》为史学理论名著。
1804	清 嘉庆九年	人	学者钱大昕卒。于音韵训诂学方面的研究多有创见。

清 1636年—1911年

又于史学研究长于校勘考订，著有《廿二史考异》等。

1805 清 嘉庆十年 人 药学家赵学敏卒。长年钻研医药，著《本草纲目拾遗》，收《本草纲目》未载药物 760 种。

1814 清 嘉庆十九年 人 史学家赵翼卒。长于史学考据，著有《廿二史札记》等。又有《瓯北诗话》等，论诗崇尚“独创”。

1815 清 嘉庆二十年 人 文学家姚鼐卒。桐城派重要作家，著有《惜抱轩全集》存世。

人 文学家高鹗约卒于本年。一般认为，《红楼梦》后 40 回为鹗续成（或为高鹗与程伟元共续），并对前 80 回有所改动。

人 学者段玉裁卒。以《说文解字注》最为著名。

1816 清 嘉庆二十一年 人 学者崔述卒。注重考辨先秦古事，对近代学术界疑古风气颇有影响。

1818 清 嘉庆二十三年 人 学者孙星衍卒。于经史、诸子、文字、音韵、金石等方面皆有著述。撰有《尚书今古文注疏》等。

艺《芥子园画传》第四集刊行。为康熙年间王概等编撰，以木刻彩色套印。康熙时刊行前三集。至此，系统介绍中国画基本技法的图谱、解说，全部刊行。便于初学者参考。

1820 清 嘉庆二十五年 人 学者焦循卒。于经史、历算、声韵、训诂等皆有研究，并重视对地方戏曲的研究。

1822 清 道光二年 文 澳门出版、发行了葡萄牙文《蜜蜂华报》，为中国最早的外文报纸。

1825 清 道光五年 人 学者黄丕烈卒。著《士礼居藏书题跋》，为重要的目录学著作。

1829 清 道光九年 文 阮元主编《皇清经解》刊行。为清代训解儒家经典书籍汇编，收清初至乾嘉时的经学著作 180 余种。

人 经学家刘逢禄卒。著《左氏春秋考证》，为促进清代今文经学的兴起起到了重要作用。

1830 清 道光十年 人 小说家李汝珍约卒于本年。李汝珍精于音韵，以所撰长篇小说《镜花缘》著称。

1831 清 道光十一年 人 医学家王清任卒。著《医林改错》，纠正了前代医书中关于脏器结构、功能的某些错误，富有科学创新精神。

1832 清 道光十二年 人 学者王念孙卒。王念孙精于校勘训诂，于考据学成果丰富。撰有《广雅疏证》《读书杂志》等。

1833 清 道光十三年 文 西方传教士在中国创办第一家中文月刊《东西洋考每月统记传》在广州刊行。为普鲁士传教士郭士立所办。

1834 清 道光十四年 人 学者王引之卒。王引之精于音韵训诂，著有《经传释词》《经义述闻》等。

1835 清 道光十五年 人 学者顾广圻卒。顾广圻精于校勘、目录之学。名家刻书，多请他校勘。著有《思适斋集》。

1836 清 道光十六年 人 学者瞿绍基卒。以宋元善本藏于铁琴铜剑楼。与杭州丁国典之八千卷楼、吴兴陆心源之皕宋楼、聊城杨以增之海源阁并称为晚清四大藏书楼。

1839 清 道光十九年 史 林则徐销毁鸦片。

吸食鸦片用具

1840 清 道光二十年 史 英国对中国发动侵略战争，史称鸦片战争。

1841 清 道光二十一年 人 学者龚自珍卒。今文经学家，力主“更法”“改图”，对腐败吏治多有抨击。

1842 清 道光二十二年 史 鸦片战争失败，清政府被迫与英国签订中国近代第一个不平等条约《南京条约》。

文 学者魏源在林则徐支援下编撰《海国图志》成书。

1843 清 道光二十三年 人 学者严可均卒。通音韵文字之学，并精于考古。曾辑《全上古三代秦汉三国六朝文》。

科 机械制造家丁拱辰将所著《演炮图说》增修为《演炮图说辑要》，其中《西洋火轮车火轮船图说》为中国学者首次关于蒸汽机、火车、轮船的著述。拱辰，字星南，回族，福建晋江人。

1847 清 道光二十七年 教 在广州马礼逊学堂的中国学生容闳、黄胜等去美国，进麻省孟松学校求学。为中国最早赴美留学生。马礼逊系英国新教传教士，1807 年至中国广州传教。

清朝首批出洋留学的幼童

文 俞万春继 70 回《水浒传》之后，撰成小说《荡寇志》，终将梁山荡平、水浒人物诛灭。俞万春，字仲华，浙江山阴人。

1848 清 道光二十八年 史 洪秀全著《原道觉世训》，确立其反清思想。

1849 清 道光二十九年 人 学者阮元卒。提倡以考据之学研究经书，主编《经籍纂诂》，汇刻《十三经注疏》《皇清经解》等，以汇总乾嘉朴学成就。

清 1636 年—1911 年

公元	纪年	事件
1850	清 道光三十年	人 政治家林则徐卒。字少穆，福建侯官人。曾查禁鸦片，组织人翻译西方报刊书籍，编成《四洲志》，较早把欧洲地理、历史、政治、民俗等介绍到中国。
1853	清 咸丰三年	文 中国境内最早的铅字排印中文杂志《遐迩贯珍》在香港出版。
		教 太平天国于天京设添删书衙，对四书五经进行删改。并首次开科取士。
		人 经学家马瑞辰卒。以精研毛诗著称，有《毛诗传笺通释》。
		人 陈氏太极拳创始人陈长兴卒。长兴，温县人。
1855	清 咸丰五年	人 经学家刘宝楠卒。以治《论语》著称，有《论语正义》传世。
1858	清 咸丰八年	人 学者朱骏声卒。以治《说文》及经学训诂著称。著有《说文通训定声》，为世人所重。
1859	清 咸丰九年	人 音乐家华秋苹卒。又名文彬，江苏无锡人。编有琵琶谱《南北二派秘本琵琶谱真传》，曾于 1818 年刊行，对后世颇有影响。
1860	清 咸丰十年	史 英法联军进入北京，烧毁誉为“万园之园”的皇家园林圆明园，并破坏、抢劫大量珍宝、文物。

大水法遗迹

公元	纪年	事件
1862	清 同治元年	教 清廷总理衙门所属同文馆开学，挑选八旗子弟入学，聘请英国传教士讲授英语。次年，原俄罗斯学馆归并进来，并增设法文馆，以教授俄、法等语言。

1864	清 同治三年	人 太平天国干王洪仁玕去世。著有《资政新篇》，倡导实行西方各种制度。
1865	清 同治四年	人 学者王茂荫卒。王茂荫提出发行可兑换钞币，取消铸大钱的货币理论，遭咸丰帝申斥。
1866	清 同治五年	教 奕䜣奏请于同文馆内增设天文算学馆，遂在是否要学习西方的问题上，引起清廷的一场争论。次年天文算学馆成立。
		教 左宗棠在福建设立船政学堂，分造船、驾驶等科。为中国最早的近代海军学校。次年开学。
1869	清 同治八年	教 美国公理会传教士谢卫楼于通州创办潞河男塾，后改称潞河书院、华北协和大学。1919 年与北京汇文大学等校合并而成燕京大学。
1872	清 同治十一年	文 英国人在上海创办《申报》，后为中国人收购继办，至 1949 年停刊。
		教 清政府派遣第一批留学生梁敦彦、詹天佑等 30 人在容闳率领下赴美留学。以后每年派遣 30 名，相继四年而止。
		文 英国路透社来上海建立远东分社，为外国通讯社最早在华建立的分支机构。
		人 曾国藩卒。创办湘军，镇压太平军。提倡桐城派古文，创“同光体”诗派。
1873	清 同治十二年	文 张德彝撰成《随使法国记》，对亲眼所见的普法战争和巴黎公社做了记载。
		人 杨氏太极拳创始人杨福魁卒。字露禅，河北永年人。
1874	清 同治十三年	人 冯桂芬卒。以改良变法思想撰成《校邠庐抗议》，许多改良思想和主张对洋务派官僚很有影响。
1878	清 光绪四年	史 中国海关总税务司英国人赫德在天津等地试办邮政，成立海关邮政办事处，不久发行大龙邮票。

清 1636年—1911年

贴有大龙邮票的明信片

1880 清 光绪六年

教 李鸿章在天津创办北洋水师学堂，以严复为总教习。

文 黎庶昌在日本搜求中国失逸古书残本，由杨守敬编为《古逸丛书》26种刊行。杨后于1897年又编撰《日本访书志》。

1885 清 光绪十一年

人 左宗棠卒。洋务派代表人物之一，曾镇压太平军和捻军。击败俄、英等，收复新疆失地。

1887 清 光绪十三年

文 曾纪泽在英国刊物上以英文发表《中国先睡后醒论》，为香港报纸转载，颇有影响。不久何启等撰文《曾论书后》，认为中国尚未觉醒，治国须以“公与平”抵制专制的“私与偏”。曾纪泽，字劼刚，曾国藩之子。

文 黄遵宪著《日本国志》，介绍日本明治维新经验。

1888 清 光绪十四年

文 王先谦收集阮元《皇清经解》所遗及以后经学名著209部，编成《皇清经解续编》，于本年刻竣。

1889 清 光绪十五年

人 学者汪士铎卒。曾论述人口增长对社会状况具有深刻影响，主张节制生育。

1891 清 光绪十七年

人 外交家郭嵩焘卒。中国首任驻外公使，著有《使西纪程》等。

1894 清 光绪二十年

人 藏书家陆心源卒。精于版本源流及金石考古，建有皕宋楼、十万卷楼等用以藏书。

1895 清 光绪二十一年

史 清政府被迫签订中日《马关条约》。康有为联合各省应试举人举行“公车上书”，掀起维新运动。

教 盛宣怀在天津创建中西学堂，为中国较早培养工程技术人才的大学，后曾改名天津大学堂、北洋大学等，为天津大学前身。

史 日军占领台湾。中日战争期间，抗议日本侵略、抨击清政府腐败的文学作品大量涌现。有文人的诗文、小说，如《度辽将军歌》《普天忠愤集》《台湾巾帼英雄传》等，也有《甲午竹枝词》等民间文学流传。

1896 清 光绪二十二年

史 清政府任命英国人赫德为总邮政司。

文 《时务报》在上海创刊。由梁启超任主编，以宣传变法为主旨。1898年停刊。梁启超的《变法通义》陆续发表后，在全国反响热烈。

艺 上海徐园“又一村”放映西洋电影，为中国放映电影之始。

教 刑部左侍郎李端棻奏请设立京师大学堂，光绪帝命管理官书局大臣孙家鼐筹办。

科 罗振玉等以推广农业技术为宗旨，创立学农会，又名务农会。次年又办《农报》馆。出版了七集《农学丛书》（包括二百余种译著）。至1907年停办。

文 黄遵宪、梁启超、谭嗣同、丘逢甲等一批新派诗人提倡诗歌表现新思想、运用新词汇，掀起近代诗歌的改良风潮。

人 武训卒。山东堂邑人。以乞讨所得置地放债，创办义学，受到清廷褒奖。

1897 清 光绪二十三年

文 商务印书馆开业。为夏瑞芳、鲍咸恩等集资在上海创办。

教 在盛宣怀支援下，南洋公学在上海创立。是为上海交通大学前身。

1898 清 光绪二十四年

教 6月，光绪帝颁《明定国是诏》，宣布实行变法，诏令废八股取士，改试策论；废除考试五言八韵诗；兴办学堂，兼习中西之学等。并把成立京师大学堂作为变法维新第一项措施。任命孙家鼐为学校第一任管学大臣。

京师大学堂教职员

新式国文教科书

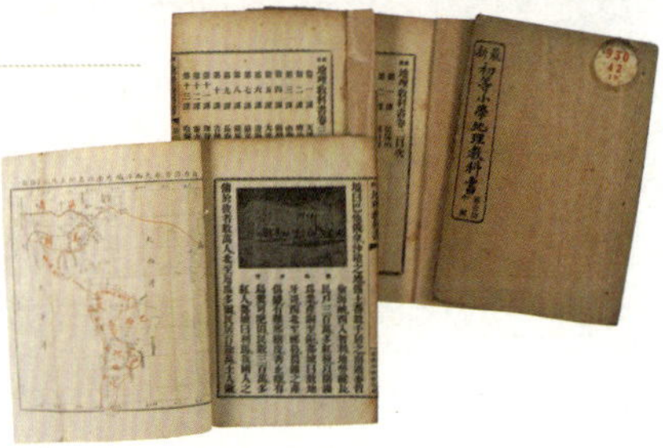

史 康有为进呈《上清帝第六书》，阐述变法纲领。又刊行其《孔子改制考》，以历史进化论作为变法理论根据。

史 9 月，慈禧太后发动政变，变法维新失败，所设新政大多中止。

文 严复翻译英国赫胥黎的《天演论》出版，以“物竞天择，适者生存”思想宣扬中国必须自强图存，社会反响强烈。

文 张之洞发表《劝学篇》，鼓吹“旧学为体，新学为用”。

文 马建忠所撰《马氏文通》出版，为中国学者参考拉丁语法，系统研究汉语语法的专著。

教 12 月 31 日京师大学堂正式开学。后因八国联军侵占北京，学校一度停办。

1899 清 光绪二十五年

史 《大清会典》及《光绪会典事例》撰成。

史 瑞典人斯文赫定本年第三次来华，进入新疆塔克拉玛干，发现楼兰古城，并带走大量历史文物。他于1885—1935年七次来中亚及中国新疆、西藏等地，搜集大量有关地质、考古、生物、气象等方面的文献资料。

文 梁启超撰《夏威夷游记》，提出“诗界革命”“文界革命”的口号，提倡以新文体代替桐城派古文。

文 学者王懿荣从中药中发现甲骨文字，并尽力收集甲骨。

史 俄国人科兹洛夫率考察团到中国新疆、西藏等地盗取中国古代文物。

1900 清 光绪二十六年

史 道士王圆箓在敦煌莫高窟发现藏经洞，出土4—11世纪的各种佛教经卷、社会文书、绢画、法器等，文献上的文字除汉文外，还有古代西夏文、回鹘文、蒙古文，以及吐火罗文等西域文字，对研究古代中国及中亚的历史、地理、宗教、民族、语言、文学、艺术等极具价值。现今敦煌学已成为国际性研究学科。

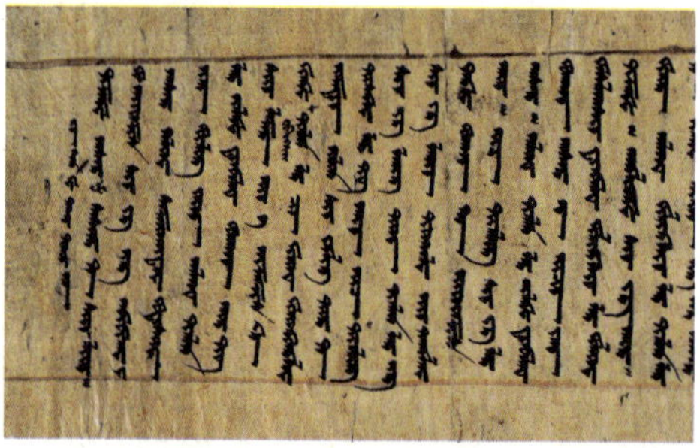

藏经洞出土回鹘文写本

1900 清 光绪二十六年

史 英籍匈牙利人斯坦因自本年至1916年间多次深入中国新疆、甘肃一带非法测量并盗取敦煌石窟等处大量珍贵文物。

史 八国联军占领北京，慈禧太后挟光绪帝出逃。联军烧毁、窃走大量珍宝、古玩、字画及天文台古铜仪器等。

图书毁失四万余册，《永乐大典》约失307册。

1901 清 光绪二十七年

史 湖广总督张之洞、两江总督刘坤一联名连上三奏折，建议推行建学堂、奖游学、停捐纳、行邮政等多项新政。

斯坦因所掠之写经包裹和文献选萃

教 清廷决定自次年始，废除八股文及帖诗取士，改以经义、时务策论试士。

人 李鸿章卒。洋务派代表人物。早期创办淮军，镇压太平天国。后建立北洋海军，注重引进外国军事装备和科学技术，创办军工和民用企业。外交上为形势所迫，对列强一味妥协。

文 梁启超撰《中国史叙论》，主张以研究智力、产业、美术、宗教、政治等内容的新史学替代帝王家谱式的旧史学。

文 林纾、魏易合译的《黑奴吁天录》刊行，此为美国女作家斯陀《汤姆叔叔的小屋》的中译本，在社会上产生很大影响。

文 自本年开始，反映中国遭受八国联军侵略的文学作品大量涌现，如蒙古族诗人延清的《庚子都门纪事诗》、狄葆贤的《燕京庚子俚词》等诗歌以及林纾的小说《京华碧血录》、陈季衡的戏剧《武陵春》、民间唱词《十二月太平年》等。

清 1636年—1911年	1902	清 光绪二十八年	教 清廷下诏恢复京师大学堂，张百熙为新任管学大臣，于12月17日举行隆重开学典礼。 文《大公报》在天津创刊，因大胆议政、伸张民意，被袁世凯禁止在租界外销售。
			文 1903年，晚清著名谴责小说、李伯元所著《官场现形记》在上海《世界繁华报》刊出。另有吴趼人的《二十年目睹之怪现状》、刘鹗的《老残游记》等谴责小说也在本年首次发表。 文 李伯元主编的《绣像小说》创刊。至1906年4月停刊。曾发表《文明小史》《老残游记》等。 文 邹容著《革命军》一书出版，鼓吹反满革命、宣扬共和，社会影响巨大，其销售量为清末革命书籍之首。 史 上海《苏报》节录发表章炳麟《驳康有为论革命书》，激烈抨击清廷专制统治。《苏报》因而被封，章炳麟亦遭租界当局逮捕，邹容闻讯愤而投狱。 文 陈天华所著《猛回头》《警世钟》两书在日本出版，激愤揭露列强侵略和清朝的腐败统治，号召起来革命，在中国产生巨大影响。 文 赵必振翻译日本福井准造的《近世社会主义》一书出版，为系统介绍马克思学说的最早译著。此外还有日本人的《社会主义神髓》《近世社会主义评论》等译著在本年出版。 文 王懿荣所遗甲骨为刘鹗所购得，并整理出版《铁云藏龟》。 文 彪蒙书室将儒家经书译为白话，出版了《四书新体速成读本》，遭清廷禁止。 教 王照在北京设立官话字母义塾，为私人创办的最早推广拼音字母的学校。

1903	清 光绪二十九年	史	孙中山于本年6月在日本东京设立革命军事学校，并提出“驱逐鞑虏，恢复中华，创立民国，平均地权”的革命宗旨。
1904	清 光绪三十年	文	丁初我在上海创办《女子世界》期刊，以反抗礼教、提倡女权为宗旨。共出18期。
		文	在骆侠挺主持下，中兴通讯社开始在广州发稿。此为中国人自办的最早的通讯社。
		史	德国人李谷克率远征队到中国新疆窃取大量文物。有六百余幅壁画、二百余尊塑像及众多手稿等被盗走。第二次世界大战中，这些珍宝毁坏殆半。
		艺	以吴昌硕为社长的西泠印社于10月在杭州成立，为中国著名的书画篆刻艺术团体。
		文	孙诒让著成《契文举例》，为最早考释甲骨文的专著。
		艺	京剧喜连成科班成立，后于1912年改名富连成，1948年停办，为京剧史上历时最长、造就京剧人才最多的科班。
		教	本年举行了清朝最后一次科举考试。录取状元刘春霖，自称“第一人中最后人”。
1905	清 光绪三十一年	教	清政府宣布废除科举考试，中国科举制度至此彻底废止。
		教	中国天主教教徒马相伯曾于前年在上海创办震旦学院，至本年因学潮而解散。再办上海复旦公学，此为复旦大学前身。
		文	同盟会机关报《民报》在东京创刊，宣传三民主义。
		艺	放映了中国最早的电影。在北京前门大栅栏放映了中国最早拍摄的电影京剧片《定军山》，由名角谭鑫培主演，为无声电影。
1906	清 光绪三十二年	文	朱执信撰《德意志社会革命家小传》，对马克思、恩格斯及《共产党宣言》《资本论》等有所介绍。
		教	学部奏准将各省贡院改为学堂。审定初等小学暂用书

目102册，由商务印书馆、文明书局等处出版。又定每年8月举行留学生考试。

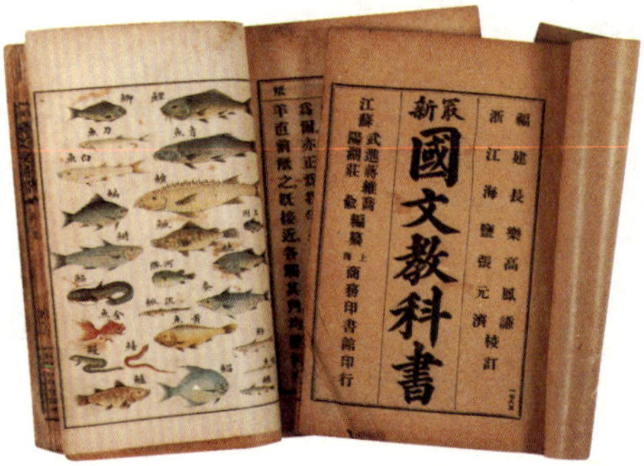

清末国文教科书

史 法国人伯希和率远征队到中国新疆、甘肃等地窃取大量精品文书等古物。

文 张静江、吴稚晖等在法国巴黎创办世界社，出版《世界杂志》和《近世界六十名人》，介绍世界思潮和名人，最早在中国出版了马克思像。

1907 清 光绪三十三年 史 光复会发动皖浙起义失败，秋瑾殉难。秋瑾字璇卿，号鉴湖女侠，浙江山阴人。曾主办《中国女报》，有《秋瑾集》。

文 高尔基作品的最早中译本《忧患余生》（即《该隐和阿尔乔姆》）由吴梼译出，本年开始在《东方杂志》连载。

人 学者俞樾卒。治学博深，崇尚朴学。著有《群经平议》等。曾改编小说《七侠五义》，又有笔记、戏曲等。

1908 清 光绪三十四年 教 改京师大学堂优级师范科为京师优级师范学堂。1924年改为北京师范大学。

教 美国国会决定将部分庚子赔款作为中国派遣留学生赴美之用，并在北京开设预备学校清华学堂。

史 俄国人科兹洛夫率远征队在戈壁发现喀喇库图古城，并掠走大量珍贵文物。

人 学者孙诒让卒。

人 经学家皮锡瑞卒。著有《尚书大传笺》《经学通论》等。

1909 清 宣统元年 教 清政府决定建立游美学务处，并于西郊清华园附设肄业馆，后改名清华学校。此为清华大学前身。

清 1636年—年1911

文 鸳鸯蝴蝶派刊物《小说时报》创刊。

文 柳亚子、陈去病等人在苏州成立文学团体“南社”，出版有《南社诗集》《南社丛刻》等。1923年解散。

文 商务印书馆创办《儿童教育画》，为中国最早的少儿刊物。

文 罗振玉刊印《敦煌石室遗书》。后又刊行《石室秘宝》《鸣沙石室佚书》等，为敦煌学的确立创造了条件。

艺 评剧演员成兆才与月明珠等在唐山组成庆春班，在民间曲调“莲花落”的基础上，创立了平腔梆子戏，奠定了评剧艺术的基础。

教 武术家霍元甲在上海成立精武体操学校。次年改为精武体育会。至20年代末，会员达40万。

人 张之洞卒。洋务派代表人物之一，曾创办黄埔鱼雷学堂、湖北炼铁厂等，对兴办民族工业、发展近代教育事业做出贡献。所编《书目答问》为重要目录学著作。

1910 清 宣统二年

医 清政府任命盛宣怀为中国红十字会会长，并颁布试办章程。

文 刘锦藻编《皇朝续文献通考》完成。

科 4月，旅美华侨冯如在广州表演自制飞机成功。10月在旧金山国际比赛会上获第一名。次年率飞机队回国参加辛亥革命。

科 清政府在北京南苑建飞机厂棚，由刘佐成、李宝焌试制飞机一架。李宝焌并发表航空论文《研究飞行报告》。

文 商务印书馆《小说月报》创刊。“五四运动”前主要发表描写才子佳人哀情离怨的鸳鸯蝴蝶派作品。

文 上海《时报》《神州日报》发起成立中国报界俱进会，全国有20个省市的41家报社参加。此为中国第一个

清 1636年—1911年

全国性报业团体。

文 缪荃孙《续碑传集》编成，辑录道、咸、同、光四朝人物传记。

科 华侨谭根制成水上飞机，并获得国际飞机制造赛会冠军。

1911 清 宣统三年

教 全国各省教育总会联合会在上海集会，讨论有关实施国民教育、统一国语方法等方案。

史 辛亥革命爆发。10月10日，革命党人发动武昌起义，赶走清湖广总督瑞澂等。次日，成立中华民国湖北军政府，号召各省响应起义，形成全国性规模的辛亥革命。

史 清廷颁布《十九信条》，同意由资政院起草宪法，确定皇帝许可权。继而，湖北军政府颁布宋教仁起草的《中华民国鄂州约法》，以天赋人权的民主思想为宗旨，与清廷的《十九信条》相对抗。

艺 岁末，上海放映了朱连奎杂技团（美利公司）摄制的纪录武昌起义的影片《武汉战争》和意大利侨民阿·劳罗摄制的《强行剪辫》。

史 日本军官桔瑞超等窃走敦煌经卷六百份。

科 杨守敬等编绘的《历代舆地图》全部出齐，共34册，代表了清代历史地图学的最高成就。

艺 清代戏曲、曲艺发达。据1982年调查，在清代形成的曲艺曲种达170余种，如各种大鼓书、子弟书、相声等。当时的戏曲剧种有200多种，如京剧、川剧、各种梆子戏等。

民国时期 1912年—1949年

1912

史 孙中山就任南京临时政府大总统，宣布中华民国成立。通告全国改用西历，颁行新编历书。

教 蔡元培发表《对于新教育之意见》，主张以国民教育、实利教育、公民道德、世界观、美育五项为教育宗旨。

史 2 月 12 日，清帝溥仪宣布退位。次日孙中山辞职，推举袁世凯为临时大总统。

文 陆费逵在上海创办中华书局。先以出版中小学教科书为主，后亦印行古籍，各类科学、文艺著作及工具书。

艺 欧阳予倩等在上海成立“新剧同志会”，以后又设春柳剧场，推动新剧活动的开展。

文 上海《新世界》第五期开始连载施仁荣翻译的恩格斯《理想社会主义与实行社会主义》（即《社会主义从空想到科学的发展》）全文。

史 北京故宫午门前设立历史陈列馆。

史 陈焕章等在上海成立孔教会，推康有为为会长，出版《孔教会杂志》等，鼓吹复辟帝制。

艺 刘海粟在上海创办图画美术院。1921 年改名为上海美术专门学校。为中国最早的教授西方绘画艺术的美术专门学校。

文 罗振玉对所收藏甲骨进行整理，出版《殷墟书契》前编。此后几年又出版了后编、续编及《殷墟书契菁华》等，并著《殷墟书契考释》，对甲骨文研究做出贡献。

1913 教 华侨陈嘉庚在福建同安创办集美学校，为其兴办祖国教育事业之始。

史 由中、日、菲三国参加的第一届远东运动会在菲律宾马尼拉举行。中国荣获四项冠军、三项亚军。以后历届远东运动会上，中国都有项目取得冠亚军。

京師公報
大清宣統三年十二月二十六日 星期二
號外
本館啟事 現値年終本館已聲明停版十日惟因時局變昨日共和詔已經實佈茲特發刊號外奉送五日專紀緊要時事至明年正月初六日照常出版此白

《京师公报》清帝退位号外

文 国民党人在日本创刊《国民杂志》，共出五期，宣传民主共和思想，反对袁世凯专制，鼓吹“二次革命”。

文 吕大任等人在上海创办《良心月刊》，共出两期。为中国最早的无政府主义刊物。

艺 中国第一部故事影片《难夫难妻》由郑正秋、张石川编导拍成，在上海首映。又，黎民伟编导的《庄子试妻》在美国上映，为中国第一部在国外放映的影片。

人 法学家沈家本卒。沈家本致力于整理和考订古代法律文献，曾主持修订《大清现行刑律》，主张废除凌迟、戮尸等酷刑。又参考近代西方刑法，制定《大清新刑律》。

1914 史 中国加入万国邮会（国际邮联）。

文 北洋政府设立清史馆，以赵尔巽为馆长，开始编撰清史。

史 天津南开学校学生周恩来、常策欧等成立“敬业乐群会”，出版会刊《敬业》，并成立新剧团。

史 邵飘萍在日本东京设立通讯社（或说1915年成立），为国内报纸传播新闻通讯。次年，揭发日本向袁世凯提出“二十一条”的侵略阴谋，在社会上产生强烈反响。

史 法国传教士桑志华在天津创办北疆博物院，开始在黄河流域进行古生物和石器时代考古调查。后于1919—1920年发现中国旧石器时代遗址。

文 描写才子佳人的鸳鸯蝴蝶派文学盛行，有多种刊物发行，如《小说丛报》《礼拜六》《女子世界》等。亦有多种小说出版，如徐枕亚的《玉梨魂》、李涵秋的《广陵潮》等。

1915 医 中华医学会成立，出版《中华医学杂志》和《中国医学指南》。

科 教育部所属中央观象台创办《观象丛报》月刊，为中国最早的气象杂志。

教 教育部设通俗教育研究会，分小说、戏曲、讲演三股。

鲁迅任小说股主任。

文 陈独秀创办《青年杂志》，自第二卷改名《新青年》，提倡以科学和民主、“文学革命”为宗旨的新文化运动。

《青年杂志》创刊号书影

艺 梅兰芳于中秋节首次演出齐如山、李释勘合编的《嫦娥奔月》，对传统京剧有所改良，时称古装新戏。以后齐、李又编写四十余种剧本供梅兰芳演出，如《一缕麻》《黛玉葬花》等。

饰演林黛玉的梅兰芳

文 商务印书馆出版当时规模最大的语词工具书《辞源》。1939 年将正编、续编合订出版。

史 12 月，袁世凯称帝，改国号为“中华帝国”。孙中山立即发表《讨袁檄文》《讨袁宣言》。

史 中国参加美国旧金山举办的巴拿马太平洋万国博览会。中国茅台、绍兴黄酒等名酒及祁门红茶获金奖。次年，汾酒获金奖。

艺 王大错编《戏考》开始出版，至 1925 年出齐，共 41 册。收京剧、梆子、昆剧剧本五百余出。每出有故事提要、考证、评论等。

1916 《青年杂志》发表易白沙的《孔子平议》，开新文化运动批孔先声。

蔡东藩《清史通俗演义》刊行。至1926年，蔡东藩写成历朝的通俗演义。

李大钊在《甲寅》日刊发表《孔子与宪法》等文，宣称孔子的旧道德已过时，宪法中坚持的孔子修身之道应去除。

胡适《文学改良刍议》、陈独秀《文学革命论》相继在《新青年》上发表，提倡白话文学。《新青年》还刊载了胡适的白话诗，为中国最早发表的白话诗。

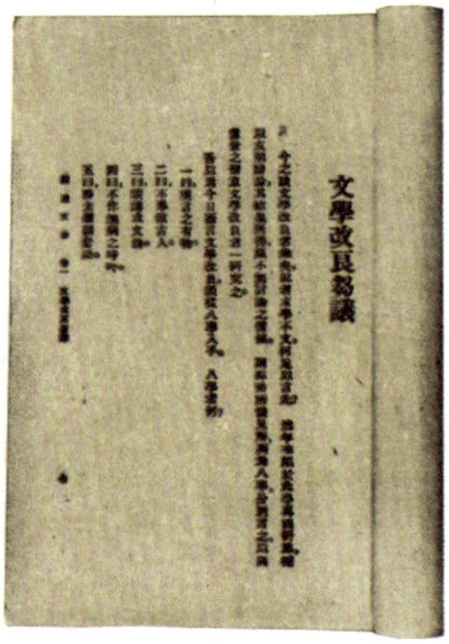
文學改良芻議

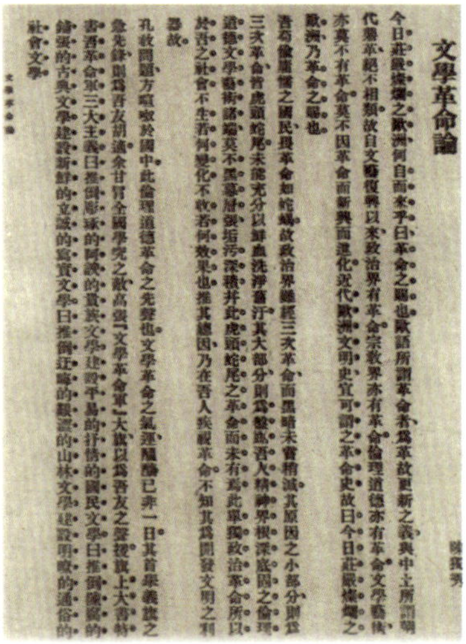
文學革命論

陳獨秀

陈独秀《文学革命论》

胡适《文学改良刍议》

俄国十月革命成功，11月10日上海《民国日报》首先予以报道，次日各报纷纷刊载这一消息。

学者王先谦卒。政治上反对变法及革命。学术上注重对古代典籍的编校研究。著有《汉书补注》《荀子集解》等。

京剧演员谭鑫培卒。艺名“小叫天”，湖北江夏人。创京剧谭派老生表演艺术，名盛一时。

1918 《新青年》第四卷始改用白话文体及新式标点符号。

刘半农、沈尹默等人在北京大学成立歌谣征集处，致

民国时期 1912年—1949年

力于民俗学研究。

文 中国第一篇白话小说、鲁迅的《狂人日记》在《新青年》发表。

文《京报》在北京创刊，由邵飘萍主办。次年因揭露巴黎和会上北洋政府代表拟同意列强提出由日本接收德国在山东的权利之议，被北洋政府查封。

文《新青年》发表李大钊介绍马克思学说的文章《庶民的胜利》和《布尔什维主义的胜利》。

文 新文化运动重要理论刊物《每周评论》在陈独秀、李大钊主持下于年底在北京创刊，次年8月被查封。

人 作家苏曼殊卒。能诗文及擅绘画。通英、法、日、梵文。译有拜伦诗和雨果小说《悲惨世界》。

1919

文 陈独秀《本志罪案之答辩》在《新青年》上发表，号召以“德先生”（民主）和“赛先生”（科学）代替旧的传统文化。

文 北大教授刘师培发起成立国故社，发行《国故》月刊，宣扬传统文化。

教 北京汇文大学、通州华北协和大学、北京华北女子协和大学等合并，成立燕京大学，以美国传教士司徒雷登为校长。

文 林纾的文言小说《荆生》《妖梦》相继刊登在上海《新申报》上，并在《公言报》上发表致蔡元培公开信《请看北京学界思潮变迁之近状》，攻击新文化运动。

文 邓中夏等在北京大学发起成立平民教育演讲团。

文《新青年》发表胡适的独幕剧《终身大事》，歌颂妇女解放、婚姻自由，在青年中反响强烈。随后胡适又发表《实验主义》一文，宣扬杜威的实用主义哲学。

史 美国哲学家杜威来华讲学，宣传实用主义哲学思想。

史 5月4日，“五四运动”爆发。为支援学生的爱国行动，蔡元培声明辞去北大校长之职。

文《新青年》于5月发行《马克思主义研究专号》。

文 李大钊主持的《晨报》于5月创刊，专门设《马克思研究》专栏。

文 以戴季陶、沈玄庐为主编的《星期评论》在上海创刊，宣传社会主义学说。

文 由李大钊、王光祈发起的少年中国学会于7月1日在北京成立，并出版会刊《少年中国》。

文 毛泽东主编的《湘江评论》于7月在长沙创刊。

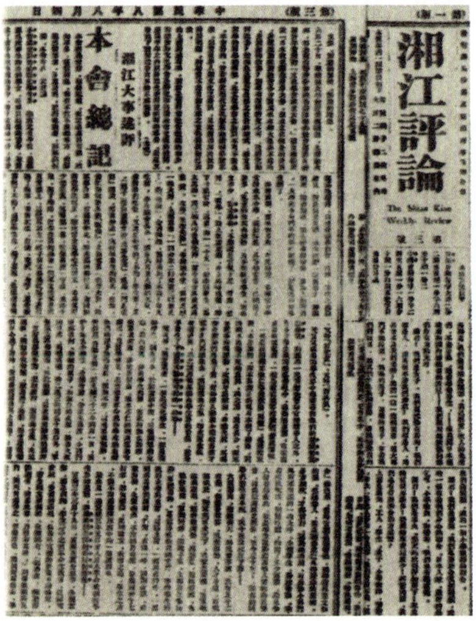
湘江評論

本會總記

湘江大事述評

《湘江评论》

文 周恩来主编的《天津学生联合会报》于7月下旬在天津创刊。不久，又发起成立“觉悟社”，创办会刊《觉悟》。

文 胡适发表《多研究些问题，少谈些“主义”！》一文，反对在中国宣传马克思主义。李大钊则以《再论问题与主义》一文批驳胡适的改良主张。

文 孙中山《建国大纲》印行。

文《续古逸丛书》由商务印书馆编辑刊行。

商务印书馆出版物

艺 在张謇支援下，新型戏校南通伶工学社成立，欧阳予倩任学社主任，致力于改革旧剧。

1926年停办。

人 詹天佑卒。曾主持修建中国第一条自建的铁路京张路，是中国铁路事业发展的先驱。

1920 文 中国最早的白话诗集、胡适的《尝试集》出版。

文 《新青年》开始载文介绍英国哲学家罗素的思想学说。

史 上海共产主义小组于8月成立，并创办《劳动界》周刊。陈独秀、李汉俊等人参加。不久又成立中国社会主义青年团。

文 上海社会主义研究室出版陈望道翻译的《共产党宣言》全文。

史 英国哲学家罗素来华讲学，宣扬实业、教育救国。

文 由李达主编的理论刊物《共产党》在上海问世。共出七期。

文 李大钊在《新青年》上发表《唯物史观在现代历史学上的价值》一文，提倡以唯物史观研究历史。

文 商务印书馆开始出版“世界丛书”和“共学社丛书”，翻译介绍外国的学术文化。

文 新潮社《一九二〇年世界学术》专号对爱因斯坦《相对论》、杜威《哲学改造》、柏格森《心力》等做了介绍。

文 北京晨报社出版《杜威五大讲演》，在学术界产生一定影响。

文 刘半农《中国文法通论》出版。

1921 文 沈雁冰、郑振铎等在北京发起成立文学研究会，主编《小说月报》《文学周报》等刊物，并出版丛书百余种。

《小说月报》

艺 沈雁冰、欧阳予倩等在上海成立民众戏剧社，创办《戏剧》杂志。

文 郭沫若、郁达夫等在日本东京成立创造社，提出“革命文学”的口号。创办《创造》《创造周报》《洪水》等刊物。

文 郭沫若第一部新诗集《女神》出版。

文 郁达夫小说集《沉沦》出版，为中国现代文学第一部短篇小说集。

史 在河南渑池县仰韶村发现新石器时代遗址，后称此类型考古文化为仰韶文化。

文 鲁迅的小说《阿Q正传》12月开始在《晨报》副刊连载。

史 北京政府教育部将大内所藏八千袋明清档案当作废纸出卖，罗振玉以高价赎回，得以保存。

史 瑞典人安特生与奥地利古生物学家丹斯基在周口店发现北京猿人遗址，于本年及1923年发现两颗古人类牙齿化石。

艺 应云卫、洪深等在上海成立戏剧协社。

史 世界书局改组为股份有限公司。扩大业务，从出版武侠言情小说转向出版国学名著、教科书等，成为大型出版社。

人 翻译家严复卒。译作以《天演论》影响最大。提出“信、达、雅”的翻译标准。

1922 文 中国社会主义青年团刊物《先驱》半月刊问世。1923年8月停刊。

文 梁漱溟《东西文化及其哲学》出版，提出中国、印度、西洋三种文化类型的观点，主张中国应以传统文化治国，对现代新儒学理论的形成具有重要影响。

文 东南大学教授胡先骕、梅光迪等人在上海创办《学衡》杂志，鼓吹复古，反对新文化。

科 中国地质学会成立，章鸿钊为会长，李四光、翁文灏为副会长。会刊为《中国地质学会志》。

教 俄国盲诗人爱罗先珂到京，被聘为北京大学世界语和俄国文学讲师。

文 潘漠华、冯雪峰等在杭州结成湖畔诗社，以写爱情诗闻名。出版诗集有《湖畔》等。

文 张资平的《冲积期化石》出版，是中国现代文学第一部长篇小说。

文 瞿秋白以报告文学形式撰成《饿乡纪程》并出版，介绍了俄国十月革命后的社会状况。1924 年又有访俄散文集《赤都心史》出版。

科 德国物理学家爱因斯坦来华，在上海演讲“相对论”。《东方杂志》为此刊出“爱因斯坦专号”。

文 商务印书馆印成《四部丛刊》。

科 中国天文学会成立，高鲁任会长。会刊为《中国天文学会会报》《宇宙月刊》。

史 国际奥委会选出王正廷为中国委员，从此中国与国际奥委会建立正式联系。

1923 史 中国国内第一座广播电台由美国人在上海设立。元月 24 日开始播送新闻和音乐。三个月后倒闭。

文 胡适创办以整理国故为宗旨的《国学季刊》。

文 印度诗人泰戈尔应邀来北京讲学。其诗集《新月集》由郑振铎翻译出版。

文 顾颉刚《与钱玄同先生论古史书》一文在《读书杂志》上发表，阐述其疑古思想，引发学术界的热烈争论。后将争论文章编成《古史辨》七册，于 1926—1941 年陆续出版。

文 由瞿秋白任主编的中共理论刊物《新青年》季刊在广州创刊。《国际歌》中文词曲首次刊出。

教 陶行知、朱其慧等在北京发起成立中华平民教育促进会。后于河北定县建实验区，普及平民教育。

文 北京新潮出版社出版鲁迅小说集《呐喊》。

文 徐志摩、梁实秋等在北京成立新月社，出版《新月》月刊，宣扬人性论和唯美文学。

文 鲁迅《中国小说史略》上卷印行，次年下卷印行。后合订为一册。对中国小说史进行了开拓性研究。

艺 姜侠魂、唐豪等编《国技大观》印行，为武术著作资料汇编。

文 俞平伯《红楼梦辨》出版，为新红学派的代表作之一，对红学研究有较大影响。

艺 吴郁周等人发起成立“艺术写真研究会”，不久改名“光社”。1927 年与上海“华社”合并，为中国最早的民间摄影社团。

民国时期 1912 年—1949 年

1924

史《世界晚报》开始连载张恨水小说《春明外史》，至 1929 年年初载完。

教 黄埔军校开学。蒋介石任校长，廖仲恺任党代表，周恩来任政治部主任。

文 曾琦、左舜生等为代表的中国国家主义青年团在上海创办《醒狮》周报，宣扬国家至上。

史 冯玉祥于 11 月 5 日驱逐溥仪出宫。据 16 日《民国日报》载，经清点，宫内共有古玩珍宝等 30 余万件，价值 10 亿元。

文 鲁迅、林语堂等人发起成立“语丝社”，创办《语丝》周刊，以杂文批评社会、文化问题。1927 年 10 月被查封。

文《现代评论》周刊创刊。主要撰稿人有陈西滢、徐志摩、张奚若等人。

文 黎锦熙《新著国语文法》由商务印书馆出版。为中国第一部系统的白话语法著作。

1925

史 北京女子师范大学学生驱逐校长杨荫榆。

人 3 月 12 日，孙中山卒。后人编有《孙中山选集》《孙中山全集》。

艺 上海《文学周报》以《子恺漫画》名义连载丰子恺的漫画。

《大公报》

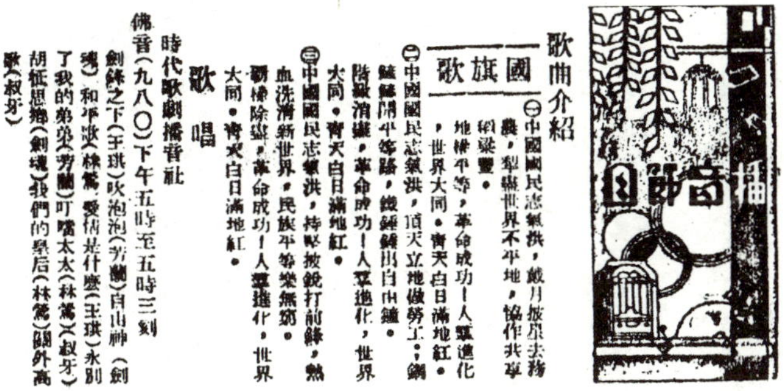
播音節目

歌曲介紹

國旗歌

㈠中國國民志氣洪，戴月披星去務農，犁鋤世界不平地，協作共享稻粱豐。地權平等，革命成功！人群進化，世界大同。青天白日滿地紅。

㈡中國國民志氣洪，頂天立地做勞工；鋼鐵鑄開平等路，鐵錘錘出自由鐘。階級消滅，革命成功！人群進化，世界大同。青天白日滿地紅。

㈢中國國民志氣洪，持堅披銳打前鋒，熱血洗清新世界，民族平等樂無窮。獨裁除盡，革命成功！人群進化，世界大同。青天白日滿地紅。

歌唱

時代歌劇播音社

佛音(九八〇)下午五時至五時三刻

劍鋒之下(王琪)吹泡泡(芳蘭)白山神(劍魂)和平波(林鶯)愛情是什麼(王琪)永別了我的弟弟(芳蘭)叮噹太太(林鶯)(叔牙)胡笳思鄉(劍魂)我們的皇后(林鶯)關外高歌(叔牙)

民国时期　1912 年 — 1949 年

史 国立故宫博物院于 10 月 10 日正式成立。

史 天津《大公报》于 11 月 27 日停刊。

文 鲁迅第一本杂文集《热风》出版。

教 美国教会在北京创办辅仁社，不久改名辅仁大学。设有文、理、教育等学院。

文 鲁迅主编的《莽原》杂志创刊。

1926

史 “三一八惨案”发生。鲁迅和朱自清在《语丝》上分别发表《记念刘和珍君》及《执政府大屠杀记》。

人《京报》社长邵飘萍被奉系军阀杀害。

文《小说月报》开始连载老舍长篇小说《老张的哲学》。

文 鲁迅短篇小说集《彷徨》出版。

史 开明书店在上海开业。

史 天津《大公报》经改组于本年 9 月复刊。以吴鼎昌为社长，张季鸾为总主笔。

艺 上海百星大戏院放映美国有声短片数种，为中国首次放映有声电影。

艺 中国第一部动画短片《纸人捣乱记》由万籁鸣三兄弟制成。

民国时期 1912年—1949年

中国早期电影剧照

1927 科 西北科学考察团由中国和瑞典学者组成，经内蒙古、甘肃到新疆进行多学科考察，取得重要成果。数年后考察报告陆续发表。

人 4月28日，李大钊在北京被奉系军阀杀害。

文 蒋光慈的中篇小说《短裤党》出版，最早描述共产党领导工人进行武装斗争。

文 茅盾的中篇小说《幻灭》发表。次年又发表《动摇》《追求》，构成《蚀》三部曲，为中国最早的多部系列小说。

史 瑞典古脊椎动物学家步林和中国地质学家李捷在周口店发掘中，又发现一枚古人类臼齿化石，经鉴定，称为"北京中国人"。

文《清史稿》编成，由清史馆印行。

文 蒋光慈、钱杏邨等在上海成立太阳社。先后出版了《太阳月刊》《时代文艺》等刊物，提倡反映工农大众生活的文学。

人 学者王国维投水自尽。被誉为一代学术大师。著作有六十余种，见《观堂集林》《海宁王静安先生遗书》。

人 书画篆刻家吴昌硕卒。工书法，擅写"石鼓文"。绘画以写意花卉、蔬果为主。发起创立西泠印社，并任社长。

1928 文 闻一多诗集《死水》出版。

文《教育杂志》连载叶圣陶长篇小说《倪焕之》。

民国时期 1912年—1949年

文 顾颉刚、容肇祖创立中山大学民俗学会，主办会刊《民间文艺周刊》，后改为《民俗》双月刊。

文 郭沫若翻译歌德的《浮士德》出版。不久，诗集《恢复》也出版。

科 中央研究院地质、天文、气象、历史语言等研究所相继成立，它们的所长分别为李四光、俞青松、竺可桢、傅斯年。

文 新月社创办《新月》月刊，集会活跃，主张文学应表现人类的共同人性。1933 年解散。

史 国民政府改中华民国大学院下属中央研究院为国立中央研究院，为全国综合性学科最高学术研究机构。任命蔡元培为院长。

教 国立中央大学在南京成立，吴稚晖为首任校长，但未到校。

文 鲁迅与郁达夫在上海合编《奔流》月刊。

文 朱自清散文集《背影》出版。

史 鲁迅与柔石等在上海组织“朝花社”。

史 吴金鼎在山东章丘龙山镇发现属于父系氏族社会的新石器时代遗址，后定名为“龙山文化”。

文 丁福保编著的《说文解字诂林》刊行，为《说文》的注释总汇。1932 年又出《说文解字补遗》。

文 赵元任《现代吴语的研究》出版，为最早以现代语言学方法研究方言的学术著作。

文 胡适《白话文学史》（上册）出版，为中国首部白话文学史专著。

艺 京剧演员许德义、郝寿臣等发起成立北京梨园公益会，以对梨园界贫苦同行进行救济。

艺 漫画家鲁少飞、叶浅予创作连环漫画《改造博士》《陶哥哥》《王先生》，在《上海漫画》《上海画报》等刊物上发表，连载达 10 年。

科 张钰哲在美国叶凯士天文台发现1125号小行星，命名为“中华星”。此为近代中国人发现的第一颗小行星。

人 翻译家辜鸿铭卒。精通数国语言。推崇儒学，曾将《论语》等儒家经典译介给西方。

1929

文 9月，胡适发表《新文化运动与国民党》，认为国民党的方针与新文化运动相悖。

艺 上海艺术剧社成立，由夏衍、郑伯奇等人主持，第一次提出“无产阶级戏剧”的口号。

史 中央研究院地质研究所学者裴文中在北京周口店发现“北京人”完整的头盖骨化石，这一发现对研究人类进化的进程极具价值，引起世界瞩目。

文 上海民智书局出版梁启超《中国近三百年学术史》一书。1924年《东方杂志》曾予连载。

人 梁启超卒。近代著名学者，清末“维新运动”主要参与者。

梁启超像

文 王云五主编的大型丛书《万有文库》第一集由商务印书馆出版。本丛书是由多种丛书汇辑而成。

文 孙本文主编《社会学丛书》陆续出版，至翌年共出15种。对社会学作了系统介绍。

艺 郑觐文著中国第一部大型国乐史书《中国音乐史》出版。

艺 郑午昌、王伟等人发起成立蜜蜂画社，有张大千、钱瘦铁等画家百余人参加。每年举办社友作品展。翌年出版《蜜蜂画报》和《蜜蜂画集》。

艺 梅兰芳率京剧团访美，演出轰动，被美国波摩那学院和南加利福尼亚大学授予名誉文学博士学位。

梅兰芳出演《霸王别姬》

科 地质学家李四光对地质力学研究的成果《东亚的几个特别构造型》发表。本年被英国伦敦地质学会接纳为国外会员。

科 数学家陈建功在日本写成世界上较早的三角级数专著《三角级数论》，获得日本理科博士学位。

建 以朱启钤为社长的中国营造学社在北平成立，为最早研究中国古建筑文化的学术团体。梁思成、刘敦桢等皆在社内任职。

人 剧作家成兆才卒。字捷三，直隶滦县人。曾致力于将民间曲调“莲花落”改为“平腔”。为评剧编写了《马寡妇开店》《杨三姐告状》等90多种剧目。

人 评书演员潘诚立卒。一生在北京献艺，擅说《大明英烈传》《龙潭鲍骆》等。1916年任评书研究会会长。

1930 文 鲁迅主编的《萌芽》月刊在上海创刊。从第三期起为左联刊物。后遭国民政府查禁，第六期起改名《新地》。

文 蒋光慈主编的《拓荒者》月刊在上海创刊。后与《萌芽》同被查封。

史 中国自由运动大同盟在上海成立。号召争取言论、出版、结社、集会自由。

史 中国左翼作家联盟（简称“左联”）在上海成立。创办刊物有《前哨》《文学导报》《世界文化》《拓荒者》《北斗》《文学月报》等。1936年年初解散。

史 中国社会科学家联盟在上海成立，机关报刊为《社会科学战线》。

史 梁漱溟主持的乡村建设研究院在山东邹平成立，创办《乡村建设》刊物。

艺 中国左翼美术家联盟在上海成立，由许幸之任主任。先后以春地美术研究所、野风画会等十余个美术团体的名义活动。

史 国际革命作家会议在苏联举行，萧三以左联代表身份参加会议。会后参加国际革命作家联盟工作，主编《国际文学》中文版。

史 中国左翼文化界总同盟在上海成立，为中共领导的各文化团体的联合组织。有左翼作家联盟、左翼戏剧家联盟等八个团体参加。1936年年初，因共产党与国民政府联合抗日而自动停止活动。

文 高尔基自传小说《我的童年》由林曼青翻译出版。

文 百衲本《二十四史》由商务印书馆全部印成。

史 西北科学考察团在今甘肃、内蒙古汉代居延烽燧遗址中发现1万枚汉简，称为“居延汉简”，为研究汉代简牍制度提供了丰富的实物资料，也为研究汉代历史开辟了新领域。

1931

史 2月7日，国民政府秘密杀害左联五作家李伟森、柔石、胡也频、冯铿、殷夫。

艺 中国最早的木刻创作艺术研究组织“木刻讲习会”，由鲁迅主持成立。

文 梁漱溟《乡村建设理论》一书出版，宣扬通过乡村建设拯救中国。

艺 为改进京剧，齐如山、梅兰芳等发起成立北平国剧学会，创办《戏剧丛刊》《国剧画报》等刊物。

艺 在原蜜蜂画社基础上成立中国画会，由钱瘦铁等人主持，出版《国画月刊》，举办多届书画展览、讲座。有各地画家三百余人参加。

人 徐志摩遇空难身亡。名章垿，浙江海宁人。任北京大学、清华大学教授。新月社发起人，主持《新月》月刊编辑工作。有《志摩的诗》等诗集及文集、译作多种。

1932 史 中国左翼新闻记者联盟在上海成立。

史 邹韬奋等在上海创办生活书店。抗战胜利后，与读书出版社、新知书店合并为生活·新知·读书三联书店。

邹韬奋纪念邮票

教 徐特立在瑞金创办苏区第一所师范学校“闽瑞师范学校”。不久又办“列宁师范学校”。

艺 刘半农编成《中国俗曲总目稿》，收录民间文艺资料六千种。

文 施蛰存、杜衡主编的文艺期刊《现代》月刊在上海创刊。

史 第十届奥林匹克运动会在美国举行，教练员宋君复、运动员刘长春代表中国首次参赛。

文 由蒲风等发起成立中国诗歌会，致力于诗歌大众化。

文 林语堂等在上海创办《论语》半月刊，提倡闲适幽默、不谈政治。

文 中国第一部修辞学专著《修辞学发凡》由陈望道编著

出版。

文 郭沫若《两周金文辞大系》刊行，至 1935 年出齐。

文 柳诒徵著《中国文化史》出版。

文 郑振铎著《插图本中国文学史》和陆侃如、冯沅君著《中国文学史简编》相继出版。

科 中国化学会、中国物理学会、中华医学会先后成立。

人 音乐家刘天华卒。中国民族音乐奠基人之一，创作有二胡曲《病中吟》《光明行》等及琵琶曲、民乐合奏曲数首。

人 孙氏太极拳创始人孙禄堂卒，有《太极拳说》等著述。

1933

文 茅盾长篇小说《子夜》出版。

文 巴金长篇小说《家》出版，为“激流三部曲”第一部。

史 英国剧作家、政论家萧伯纳来华访问。《矛盾》月刊、《青年界》杂志分别刊出“萧伯纳氏来华纪念”“萧伯纳来华纪念”特辑。

艺 瑞金成立中央苏区的“中央剧团”，由李伯钊领导。

艺 徐悲鸿主持的中国近代绘画展览相继在法国、德国、比利时、意大利、苏联等国展出。张大千、齐白石、徐悲鸿等人的作品皆参展，受到各国高度评价。

徐悲鸿《奔马》

1934

史 中国民权保障同盟在上海向德国领事馆递交抗议书，抗议德国法西斯暴行。一个月后，同盟会总干事杨杏佛被刺杀。杨杏佛名铨，曾任南京高等师范学校教授。

教 苏维埃大学在瑞金成立，以培养共产党高级干部。

文 周扬《关于“社会主义的现实主义与革命的浪漫主义”》一文发表，介绍社会主义、现实主义创作方法。

艺 明星影片公司摄制了由夏衍编剧的影片《狂流》，被誉为电影新路线的开始。接着又拍摄了夏衍根据茅盾短篇小说《春蚕》改编的同名影片，为新文艺作品搬上银幕的第一次尝试。

科 数学家熊庆来获法国国家理学博士学位。

人 史学家柯劭忞卒。字凤荪，山东胶州人。著有《新元史》等。

人 王照卒。直隶宁河人。致力于白话教育，仿日本片假名创制拼音字母，被广泛应用。

史 中央研究院历史语言研究所对河南安阳殷墟进行发掘，出土大量甲骨，编出《殷墟文字甲编》。

科 中国航空工程学会成立。钱昌祚任会长。

文 沈从文代表作《边城》出版。

艺 曹禺剧作《雷雨》发表。

话剧《雷雨》剧照

民国时期 1912年—1949年

文 林语堂在上海创办《人世间》半月刊，次年又主办《宇宙风》，为追求创作“闲适”与“灵性”小品文的刊物。

史 上海杂志公司成立，陆续刊行了《译文》《作家》《中流》等左翼刊物和书籍。

艺 联华影业公司摄制了由蔡楚生编导的故事影片《渔光曲》，连映不衰，并于次年在莫斯科国际电影节获荣誉奖。为中国首部获国际奖影片。

史 容庚、董作宾等在北京发起成立考古学社，出版《考古学社社刊》。

文 鲁迅、茅盾在上海创办《译文》杂志。

文 陈望道等人发起创办文艺期刊《太白》半月刊。

文《影印四库全书珍本初集》由商务印书馆出版。

文《读书生活》连载艾思奇的《哲学讲话》，通俗介绍了辩证唯物主义。

科 中国地理学会成立，会刊为《地理学报》。

史 顾颉刚等创办史地刊物《禹贡》半月刊，次年成立禹贡学会，推动现代历史地理学的研究。

科 南京紫金山天文台落成。

科 化学家侯德榜被英国皇家学会（化学工业）接纳为名誉会员。

人 学者刘半农卒。曾参加新文化运动。后任北京大学教授，致力于语音学研究。著有《四声实验录》等。

1935

艺 由田汉作词、聂耳谱曲的《义勇军进行曲》（电影《风云儿女》主题歌）在《电影画报》上刊出。

文 国民政府文献馆出版《文献特刊》，为中国最早的档案学刊物。

文 由邹韬奋主编的《大众生活》周刊在上海创刊。次年被查封。

文 鲁迅翻译果戈理小说《死魂灵》出版。

文 《丛书集成初编》由商务印书馆陆续出版，共收书4000余种。

史 中华民国法学会成立，居正任理事长。

文 陈登原《中国文化史》出版。

史 梅兰芳访问苏联，在莫斯科等地演出，并与高尔基、斯坦尼斯拉夫斯基等人会见。

科 中国数学会成立，熊庆来任会长。1938年出版会刊《中国数学会学报》。

人 瞿秋白卒。江苏常州人。曾是中共早期领导人之一。

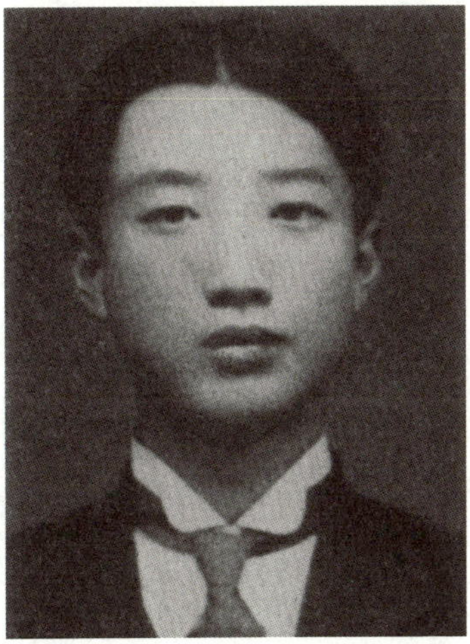

瞿秋白像

人 文学家曾朴卒。以小说《孽海花》闻名于世。后致力于法国文学翻译，并著有《法国文学史大纲》等。

人 音乐家聂耳卒。创作多首著名歌曲，如《义勇军进行曲》《毕业歌》等。

1936

文 年初，周立波发表《一九三五年中国文坛的回顾》、何家槐发表《作家在救亡运动中的任务》等文，主张发展国防文学。年中，胡风发表《人民大众向文学要求什么》一文，提出“民族革命战争的大众文学”的口号，引发了两个口号的激烈论争。

文 鲁迅著名历史小说集《故事新编》出版。

文 《生活知识》刊出“国防文学特辑”。

艺 夏衍的历史讽喻剧《赛金花》剧本发表。

文 蔡元培、鲁迅、郭沫若等六百余人联名发表《我们对于推行新文字的意见》，要求推行拉丁化新文字。

艺 《文季月刊》发表曹禺话剧剧本《日出》。

史 国立中央图书馆在南京开馆。1948 年 10 月，将其馆藏文物、善本书籍等五百余箱运至台湾。

文 陈伯达发表《文艺界两个口号问题应该休战》。

史 《文学》四卷四号发表鲁迅、郭沫若、林语堂等 21 人签名的《文艺界同人为团结御侮与言论自由宣言》，号召文艺界同人不分派别，一致联合抗日救国。

人 鲁迅卒。新文学最有成就的文学家，以小说及杂文著名，并研究中国小说史，一生著述极丰，有各种版本的全集、选集行世。

鲁迅三部作品书影

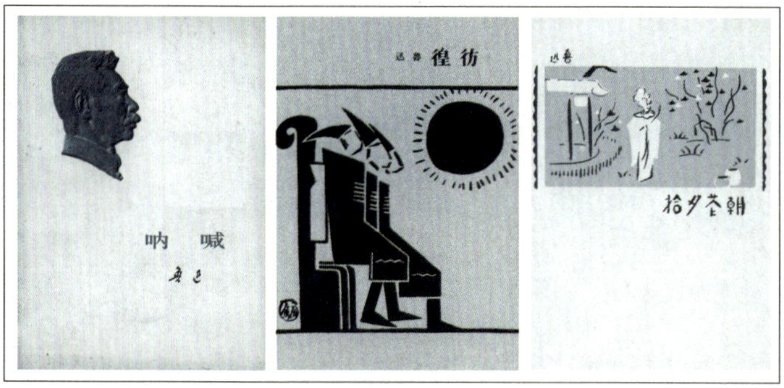

艺 梁实秋译英国莎士比亚名剧《奥赛罗》剧本出版。

史 国民党中宣部制定《取缔反动文艺书籍一览》《取缔社会科学反动书籍一览》，内列 1929 年以来被禁文艺书籍 364 种、社会科学书籍 676 种。

文 美国记者埃德加·斯诺到中共陕北根据地采访，写出《西行漫记》。

文 舒新城等主编现代综合性百科辞典《辞海》由中华书

局出版。

文 商务印书馆开始出版王云五等主编的《中国文化史丛书》，陆续出版了 40 种。

艺 周贻白《中国戏剧史略》出版，为中国第一部戏剧史专著。

人 学者章炳麟卒。早年从事文字音韵训诂研究。后投入反清、倒袁政治活动。著有《訄书》等反映他的哲学思想。

章炳麟纪念邮票

人 武术家杨兆清卒。字澄甫，河北永年人。杨氏太极拳创始人。

1937

教 中共抗日红军大学（前身为红军大学）改名为中国人民抗日军事政治大学。林彪、徐向前先后任校长。培养了上万名军政干部。

史 中共 1931 年创办的《红色中华报》改名为《新中华报》，改油印为铅印。红色中华社改名为新华通讯社，博古任社长。

史 中央研究院历史语言研究所在安阳殷墟发掘，出土甲骨 1800 余片，编为《殷墟文字乙编》。

史 7 月 7 日，日本军队在北平西南宛平县卢沟桥挑起事端，对中国发动军事进攻，中国驻军顽强抵抗。抗日战争全面爆发。

文 由郭沫若任社长、茅盾等人为编委的《救亡日报》在上海创刊。

文 由《文学》《文季》《中流》《译文》四杂志合编的《呐喊》在上海创刊，主编为巴金、茅盾，积极宣传抗战。

第二期后改名《烽火》。

文 由《世界知识》《妇女生活》《中华公论》《国民周刊》合编的《战时联合旬刊》在上海创刊。

文 胡风主编的《七月》半月刊创刊，主要以新诗抨击国民党统治。艾青、田间、绿原等皆为主要投稿人，以后被称为七月诗派。

教 因抗战全面爆发，原北京大学、清华大学、南开大学南下至长沙，联合成立国立长沙临时大学。

史 日本在上海成立新闻检查所，强迫各报接受检查。《申报》《大公报》《时事新报》《国闻周报》为抗拒检查，自行停刊。不久，以上三报又在汉口、重庆、香港等地复刊。

史 日军攻占南京，屠杀中国人民 30 余万，制造南京大屠杀惨案。

文 罗尔纲著《太平天国史纲》出版，为最早全面研究太平天国历史的专著。

艺 中华全国美术会成立，由张道藩任理事长，徐悲鸿、傅抱石等人为理事。

艺 周信芳在上海组织移风社，创立京剧麒派艺术风格。

1938

文《文汇报》在上海创刊，由徐铸成主笔。因宣传抗日，次年被迫停刊。1945 年 8 月复刊。

史 中华全国文艺界抗敌协会 3 月在汉口成立。郭沫若、茅盾等 45 人为理事，周恩来为名誉理事，老舍为总务部主任。9 月，协会总会迁往重庆。

教 国立长沙临时大学继续南迁至昆明，改名为国立西南联合大学。

教 鲁迅艺术学院在延安成立，吴玉章任院长。

文 茅盾、楼适夷等主编的抗战文艺刊物《文艺阵地》半月刊在广州创刊。

史 加拿大医生白求恩率医疗队经延安赴晋察冀边区。1939 年 11 月 12 日在河北完县因感染卒。毛泽东作

《纪念白求恩》。

文 上海复社编《鲁迅全集》开始预约发售。

史 毛泽东著成《论持久战》，全面论述抗日战争的战略战术。

艺 于伶、阿英在上海剧艺社演出《夜上海》《上海屋檐下》等剧。

文《抗战》季刊和《全民》周刊合并为《全民抗战》，在汉口创刊，邹韬奋等任主编。

文 第一部《资本论》中文全译本由郭大力、王亚南译出并出版。

史 中国国际新闻社在长沙成立，社长胡愈之。

艺 中华全国音乐界抗敌协会在重庆成立。

文 胡秋原撰《中国文化复兴论》一文，主张工业救国，反对在中国推行马克思主义。

艺 中国电影制片厂拍成《八百壮士》《热血忠魂》《保卫我们的土地》等故事影片。

艺 延安电影团成立，为中共第一个电影机构。曾拍摄《延安与八路军》等新闻纪录片。

艺 上海新华影业公司将曹禺同名剧本《日出》《雷雨》拍成电影。

人 郑孝胥卒。清末鼓动君主立宪，后追随溥仪，在日本人扶持的伪满洲国任职。亦擅书法、诗作。

1939 史 中共领导下的图书出版、印刷、发行机构新华书店在延安成立。

艺 冼星海作曲、光未然作词的《黄河大合唱》问世，并在延安演出。

人 学者钱玄同卒。参加新文化运动，提倡文字改革。著有《文字学音篇》等。

1940 文 延安《中国文化》创刊号刊出毛泽东《新民主主义论》，全面论述中国新民主主义革命。

文 林同济、雷海宗等在昆明创办《战国策》半月刊，次年又在重庆《大公报》编辑《战国》副刊。

文 金人翻译的苏联长篇小说《静静的顿河》（肖洛霍夫著）出版。

史 年底，延安新华广播电台开始播音。1943 年停播。

人 教育家蔡元培卒。支援新文化运动，主张新旧思想“相容并包”和“科学救国”等。在中国教育界、思想界具有深远影响。

蔡元培像

1941

史 延安原《新中华报》和原《今日新闻》合并为《解放日报》，于 5 月 16 日创刊。博古任社长。

文 钱穆先后发表《东西文化之再探讨》《中国文化与中国青年》等文，认为中国在吸收印度、阿拉伯文化之后，正面临与欧美文化的碰撞。

史 中国民主政团同盟在重庆成立。主席为黄炎培。机关报《光明报》在香港创刊。

教 由陕北公学、中国女子大学等校合并，正式成立延安大学。1944 年，鲁迅艺术学院等校也并入。

史 第一届奖励著作发明评奖活动评出一等奖两项：哲学类为冯友兰著《新理学》；自然科学类为华罗庚著《堆垒素数论》。

艺 中华剧艺社在重庆成立，由应云卫、陈鲤庭、陈白尘等主持。上演戏剧《屈原》《法西斯细菌》《升官图》等。

人 作家许地山卒。笔名落华生，生于台湾台南。对印度文化颇有研究，曾在北京大学、清华大学等校任教。有短篇小说集《缀网劳蛛》、散文集《空山灵雨》等，并有《印度文学》等著作。

1942

史 5月，延安召开文艺座谈会。毛泽东发言，强调文艺的阶级性，即《在延安文艺座谈会上的讲话》。

史 第二届奖励著作发明评奖活动评出一等奖四项：自然科学类三名，苏步青《曲线射新概论》、周培源《激流论》、吴大猷《多元分子振动光谱与结构》；美术类为吕凤子《四阿罗汉》。

文 新华出版社出版范文澜《中国通史简编》。

艺 中国艺术剧社在重庆成立。由夏衍、于伶等主持。演出戏剧《祖国在召唤》《岁寒图》《家》等。

人 陈独秀卒。新文化运动的倡导者之一。曾任中国共产党总书记。1929年被开除出党。

陈独秀像

艺 中国美术学院在重庆成立。徐悲鸿任院长。

人 女作家萧红卒。原名张乃莹。著有长篇小说《呼兰河传》及中、短篇小说。

人 学者李叔同卒。曾与欧阳予倩等创立话剧组织“春柳社”，与柳亚子等创办文美会。1918年出家为僧。遗著多为佛学及书法作品。

人 京韵大鼓演员刘宝全卒。河北深县人。吸取京剧、梆子戏等演唱方法发展大鼓表演艺术，创出“刘派”风格。与京剧演员谭鑫培、评书演员双厚坪并称“艺坛三绝”。

人 武术家吴鉴泉卒。直隶大兴人。吴氏太极拳创始人。

史 12月，太平洋战争爆发。原本收藏在美国人所办北京协和医院的“北京人”头盖骨化石，在装箱运往秦皇岛美国邮轮过程中丢失。

1943

文 赵树理短篇小说集《小二黑结婚》和中篇小说《李有才板话》相继出版。

艺 延安平剧研究院集体创作的《逼上梁山》（杨绍萱、齐燕铭执笔）首演。

史 第三届奖励著作发明评奖活动评出一等奖七项：哲学类为汤用彤《汉魏两晋南北朝佛教史》；社会科学类为陈寅恪《唐代政治史述论稿》和刘节《中国古代宗族移植史论》；自然科学类为陈建功《富里级数之蔡荼罗绝对可和性论》、杨钟健《许氏禄丰龙》、吴定良《人类学论文集》；应用科学类为杜公振等著《痹病之研究》。

人 翻译家伍光建卒。曾留学英国。回国后致力于翻译西方文学、历史、哲学著作130余种。

1944

文《新华日报》分期发表郭沫若《甲申三百年祭》。论述明王朝灭亡的必然性，总结李自成农民起义军失败的教训。

文《抗战文艺》刊出“老舍先生创作生活二十年纪念文选辑”。

史 第四届奖励著作发明评奖活动评出一等奖两项：古代

经籍研究类为劳干《居延汉简考释》；应用科学类为林致平《多孔长条之应力分析》。

文 彝族长篇神话史诗《阿细的先基》经光未然搜集整理出版。

教 中国教育学术团体联合会在重庆成立。

人 邹韬奋卒。杰出出版人，曾任《生活》周刊、《抗战》杂志等主编。

1945

文 胡风主编抗战刊物《希望》月刊在重庆创刊。以发表诗歌为主。

艺 贺敬之、丁毅作词作剧，马可、张鲁、瞿维作曲的歌剧《白毛女》在延安演出。

文《新华日报》为纪念茅盾五十寿辰及创作活动二十五周年出版专刊。

史 8 月 15 日，日本无条件投降，抗日战争胜利。

人 文学家郁达夫在印度尼西亚被日本宪兵杀害。郁达夫，著名小说家、诗人，代表作有小说集《沉沦》等。

科 中国土壤学会成立。黄瑞采为理事长。

史 中国民主建国会在重庆成立。主要由工商业者组成。黄炎培、胡厥文等当选为常务理事。

史 中国民主促进会在上海成立。主要由中小学教育界和文化出版界知识分子组成。马叙伦、周建人等当选为理事。

人 音乐家冼星海卒。以广泛的题材和体裁，表现了中国人民的抗日救国斗争。著名作品有《黄河大合唱》、歌曲《在太行山上》及交响组曲《满江红》等。

1946

史 联合国大会决定，中文为联合国五种正式语言之一。

文《文艺复兴》杂志连载钱锺书长篇小说《围城》。

史 九三学社在重庆成立。主要由文教、科技界知识分子组成。许德珩等当选为理事。

文 为纪念莎士比亚逝世 330 周年，文化合作公司出版曹

民国时期 1912年—1949年

1947

朱风译《莎士比亚全集》。

教 6月，西南联大停办，北大、清华、南开三校北上，于秋季分别在平津复校开学。

人 7月，李公朴、闻一多相继被暗杀。

文《观察》杂志在上海创刊。储安平为主编。1948年年底被查禁。

文 孙犁短篇小说集《荷花淀》出版。

文 李季叙事长诗《王贵与李香香》出版。

文 袁水拍的讽刺诗集《马凡陀山歌》出版。

文 陈梦家编成《海外中国铜器图录》。

人 教育家陶行知卒。一生致力于发展中国教育，促进知识大众化，并参与编辑一些教育杂志和丛书。

人 作曲家张寒晖卒。河北定县人。作有歌曲《松花江上》《去当兵》等，广为流传。

史 中国农工民主党在上海成立（前身为中华民族解放行动委员会）。主要由医药卫生界和文教界的知识分子组成。

艺 剧作家田汉、阳翰笙等九人为文化界募集资金，集体创作话剧《文化春秋》。

艺 张乐平连环漫画《三毛流浪记》在上海《大公报》连载，至1948年年底载完。

科 中国地球物理学会在上海成立。翌年赵九章被推举为理事长。

文《华商报》连载黄谷柳长篇小说《虾球传》。

史 第六届奖励著作发明评奖活动评出一等奖一项，为自然科学类王福春《三角级数之收敛理论》。

人 翻译家耿济之卒。曾翻译俄国著名作家普希金、列夫·托尔斯泰等人著作数十种，著有《俄国四大文学家》。

人 学者胡朴安卒。曾任《民报》社长、新中国文学院院

民国时期 1912年—1949年

1949年

长等职。对经学、文字学等皆有研究。

人 作曲家麦新卒。姓孙，生于上海。作有《大刀进行曲》等，广为流传。

1948

史 由何香凝、冯玉祥等领导的中国国民党革命委员会在香港成立。

史《人民日报》在石家庄创刊。

教 华北联大与北方大学合并，成立华北大学，吴玉章任校长。

文 茅盾、巴金等在香港创办《小说》月刊。

文 丁玲长篇小说《太阳照在桑干河上》出版。

文 周立波长篇小说《暴风骤雨》出版。

人 学者朱自清卒。其散文《背影》《荷塘月色》皆著称于世。有散文集及文艺论著传世。

文《人民日报》连载袁静、孔厥的长篇小说《新儿女英雄传》。

史 中国民主同盟在北平创刊《光明日报》。

史 中华全国文学艺术工作者联合会成立。郭沫若当选为主席。

文 理论学习杂志《学习》月刊在北平创刊。

文 文艺理论刊物《文艺报》在北平创刊。

1949

史 10月1日，中华人民共和国成立。